臨終進行曲——

沈宜璇與癌共舞的人生樂章——

作者／沈宜璇

給舞動生命的抗癌勇士

郭台銘（鴻海科技集團總裁暨永齡基金會創辦人）

　　她創造了生命的奇蹟，或許是上天的錘煉，或許是心中未完成的使命。在醫師宣告來日無多的歲月裡，在乳癌末期骨轉移的痛苦中，她沒有放棄過自己。

　　沈宜璇，一個嬌小的身軀中卻有著無限面對生命的勇氣。

　　大家都知道我的另一半結婚前是專業舞蹈老師，看著宜璇過往的影片，展現著力與美的舞蹈肢體動作；再看著如今面前的她，佝僂著連呼吸都有些困難的身體，這巨大的差距與對比讓所有的人都感到揪心。但是她對生命的熱忱，感動著我，感動了身邊所有的人，也鼓舞了許多癌症病患及家屬。

　　做為一名癌末骨轉移患者又歷經車禍，二次脊椎壓迫性骨折的身障人士，宜璇仍然想盡辦法自食其力，熱愛舞蹈的她推著助行器，帶著昔日肚皮舞舞團的學生（如今都是雄霸一方的舞蹈老師），參加社團法人中華大腳印關懷協會在圓山花博舉辦的活動義賣香氛精油，想盡辦法來幫助其他和她有著類似經歷的身障人士和弱勢族群，所需克服的困難可想而知。她指出私底下的她很愛哭，可是她的眼淚不是在訴說著自己不幸的遭遇，而是流著對所有幫助過她的人的感恩淚水；人前的她笑容可掬，笑容中訴說著她對生命無盡的

熱情。正如《臨終進行曲》中所表現出一貫的幽默態度，對人生的體悟，讓我十分佩服並心疼她的遭遇。

　　非常期待宜璇的新書《臨終進行曲：沈宜璇與癌共舞的人生樂章》，將由城邦出版集團布克文化出版，與諸君共享。

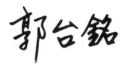

飛天女神的臨終進行曲——沈宜璇的故事

蘇煥智（臺灣維新黨創黨人兼召集人）

從中央研究院史語所的研究助理及舞蹈的表演者，到埃及學習肚皮舞；並回到台灣推廣肚皮舞，成為人稱的肚皮舞教母。

在事業及名聲鼎盛的時候，因懷孕為保存嬰兒拖延治療，而成為癌末病患。

在得知癌末祇剩下不到三個月的生命時，她賣掉所有的房子，祇留下她覺得用得到的醫療生活費，其餘竟然瀟灑的全捐給了慈善基金會。

即便已是癌末病患，她卻勇敢繼續她的肚皮舞教學的事業，從不停歇，仍然維持著飛天女神（舞者）的美麗與優雅！2014 年癌末的肚皮舞教母跟柏隆結婚，沒想到三個月竟然拖了五年。

直到 2017 年一場車禍撞斷了她的脊椎，讓她不良於行，而成為需要被照顧者。

從一個眾人仰望的飛天女神，到墜落成為一個需要被照顧者！宜璇、柏隆夫婦沒有躲在個人陰暗苦難的角落，而選擇挺身站出來為芸芸眾生的苦難者發聲。

宜璇希望站出來推動：

1、一個能夠保障受害人的車禍理賠制度。

2、一個更完善的長照保護制度。

3、一個保障被照顧者基本收入的制度。

宜璇的臨終進行曲，不是冰冷悲涼的等待，而是充滿著正能量與生命燃燒的希望！

因為沒有未來，所以只有珍惜現在

　　我是沈宜璇，一個被宣判死亡，卻仍「死」皮賴臉，在人世間悠遊的人。

　　如果情況「正常」的話，我會是一個舞蹈老師，憑我尚稱嫵媚的姿色，以及過往多年累積的榮耀，經常受邀上電視或出席剪綵什麼的，仍然會繼續當我的肚皮舞天后或者舞蹈精靈之類的。若走在路上被粉絲看到，搞不好還會被包圍著要求簽名呢！

　　當然人生無常，那所謂的「正常」已經離我很遠。

　　我現在只企求，至少我那不正常的程度不要那麼誇張。但顯然上帝要給我的考驗還有很多，全身都是癌還不夠，還被車禍撞到幾乎全癱，然後偏偏又留我一口氣在。幹什麼？有交代我什麼任務嗎？在人間？

　　好吧！那就留我這雙愛觀察的眼、愛胡思亂想兼愛打抱不平的心，以及這一手還算過得去的文筆，雜記些人生故事吧！

　　畢竟，又有誰能像我這般，有這麼些個「不正常」經歷呢？

被宣判只有三個月生命，你怎麼辦？

　　這本書，是我的人生紀錄，讀者們要說是遺書也可以，端看你閱讀此刻，我還在不在人世而定。

　　其實這一點也不奇怪，我在十年前罹癌，七年前就已經被宣判只能再活幾個月，結果十年後，我還是繼續聽到這句話。所以，我已經習慣死亡了，天

啊！你知道的，有時候病痛要人命，真的會一心想著，死亡還比較可以一了百了呢！你知道我意思嗎？所以這是不是遺書？我也不知道，就算是我的嘮嘮叨叨筆記吧！

有句話說：「人之將死，其言也善」。哈！我不敢說我的話是「善」，但至少我力求我說的是「真」，畢竟，一個連未來都沒有的人，要說假話圖個什麼呢？

簡單說，我就是個「等死」的人。只是等著等著，等出很多牢騷出來。

癌症十年，一直是自食其力，有錢就花錢，沒錢就不花錢，就可以不去醫院、不吃飯、不消費。

而且，很大一部分原因，是我相信了醫生的話：「只有三個月的生命。」所以，我預留了五年的充裕生活費，把剩餘的錢全部捐出。我怎麼會想到我一活就活了十年。不幸的是，可能還會繼續活下去。

那天有人問我，你看看有沒有醫生會捐款給你，讓你來買我們家的直銷品。真好笑，醫生每天看無數的病人，多的是比你還無助的病人，他幹嘛要捐款給你？還讓你去買直銷，醫生傻呀！

你有什麼值得別人來幫助你？

與其坐在家裡哀聲抱怨，不如為自己找價值

我寫書，是用我的故事、我的文筆來賺取生活費。我的眾多醫生會買單，也是因為我和其他的病人「不同」，他們願意買我的書來轉贈給其他病人，是因為，可能對別人產生價值。

社會是非常現實的，坐在家裡哀聲抱怨，不如為自己找價值。如果，就是什麼都不想做，也行呀！也有 0 元過生活的方法呀！就完全不消費。

又想要消費（醫療行為也是一種消費），又不去賺錢，你是想怎樣？？？有件事一直想寫差點忘了，在這裡要提醒好友們注意。

在台大醫院時，偶爾我會推著助行器一個人下樓去便利商店，就會遇到有人突然很關心，會問你怎麼了？是哪不舒服嗎？然後她也假扮成患者說她自己也不舒服。

我一般沒啥警覺心，但這人和你說話時，你就覺得她眼神不太對，所以，我沒理她。正常來說，熱臉貼冷屁股後，對方是不會再糾纏你的，但那人很奇怪，不死心，還繼續要關心你，甚至跟蹤你回到病床。

我行動不便，擺脫不了對方，所以一回病床上就按鈴和護士說：「我不認識她，她一直跟蹤我。」那人才走開。後來，又有幾次，又有莫名其妙的人來到床前（我的病床號已被記下來了），我就很兇的問：「你有什麼事？你是誰？沒事趕快走，我老公去買東西，等下就回來（騙他的）。」

之後，才有病人家屬和我說，有好多人被騙，他自己的堂姊也在台大醫院住院時被騙了一百多萬。就是有人假冒病人和她說，她有保健品可以救她，

她自己就是這樣好的，所以她都在醫院當志工，看看有沒有需要幫助的人（醫院志工是受訓過的，有穿志工服，這個人身上只掛個牌子，並沒有穿志工背心）。跟她說：「我要拍一下你的掛牌。」那人就會趕快說她還有事，下次再來。

這世界好人很多，但壞人也不得不防，就是有這種喪盡天良，專門找病人下手的壞東西，大家往來醫院時一定要注意。

小醫院人少，真沒遇見這樣的事，台大醫院人多且雜，後來打聽之下，才發現很多人都遇過，被騙錢的還不少。

啊！不小心拉里拉雜，又扯這一些，不閒聊了。

我要開始紀錄這本書，如果說，一個人已經沒有未來了，那他當然只能沈溺於過去，以及斤斤計較每一分每一秒的現在囉！

不去期盼什麼美好的未來了，如果可以，那就珍惜每一個真實的現在吧！至少，此時此刻此分此秒，我還能寫，我還沒被上天徵召，還能與你閒扯。

請珍惜，這當下的閒扯。

於焉，我知道，剎那即永恆。

目 錄
CONTENTS

目 CONTENTS 錄

前言　〈關於以前〉

二〇一九年之前，
我的生活

—

狀態／安寧病房已經住過很多回，醫生也多次宣告我的死期。

實況／我的生命依然頑強，但每一次的堅強只換得更加的虛弱。

結論／我還是必須面對兩個現實：

　　1. 有句話說：「有些事再不做，你就永遠不能做了。」啊！這是在說我嗎？好吧！我來做點什麼。

　　2. 還有句話說：「人生在世就要創造價值。」就算是生命之火可能將要熄滅的人，也還是要創造價值。或者說白點，若不創造價值，都要喝西北風啦！我必須創造讓自己活下去的價值。

就算即將凋萎，也要有個尊嚴的回顧

——

樂觀觀察及紀錄周遭一切

那麼，我來寫寫我的故事。請注意，我這也是在創造藍海市場喔！畢竟，也許我的文筆比不上大作家，也許我的歷練比不上冒險家，但我的「情況」卻是無法取代的。

我的情況是什麼呢？又有誰能像我一樣，以被宣告即將死亡之姿，可以紀錄這一段時間的見聞呢？通常人們有三種情況：

第一種情況：當然是健康者，這樣的人無法「主觀」體驗將死者的心境。

第二種情況：死亡突然發生，來不及珍惜人生，也沒時間做紀錄。

第三種情況：死亡的發生帶來強大傷痛以及意志力消磨，乃至於病人終究只能關注自身，直到終局那一天。

少有人能像我這樣，處在「等死」階段，但卻有足夠的樂觀，讓我去觀察周遭寫下紀錄。這些紀錄關於健康、關於生命思維、關於人際、也關於日常生活中的點點滴滴。

抗癌十多年，成為生命女鬥士

在二〇一九年，我的情況，來跟各位讀者報告一下。

原本一個人被宣告得了癌症，這差不多對許多人來說已經算是「世界末

《生命金句》有些事再不做，你就永遠不能做了。

日」。很難再更慘了。

　　我的情況之所以特別，或許是我這個人對人世比較眷戀，總之，就算醫師把我情況講得很嚴重，也都已經要家人出來「準備後事」了。結果，我還是一年又一年活下去，全身癌症散布，乃至於身體任何部位若再宣布罹癌，我都可以心如止水了。

　　甚至癌症罹患久了，身邊的人也都逐漸把自己當成「正常」的存在，也就是說，我還是得去討生活，賺錢維持生計。

　　罹癌十年來，大部分時候，我依然穿著得體的在職場打拼，包括我仍繼續教舞，也還被媒體報導。任何可以不需要太靠體力的工作，我也都盡量去做，包括演講、做芳療師，經營線上商城等等。

　　反倒真正帶給我生命嚴重打擊的，不是癌症這件事本身，而是另一件事。

　　二〇一七年十二月，正當我興高采烈準備前往湖南中醫藥大學就讀博士班前夕，我被轎車撞了，直到本書截稿前，我都還處在車禍官司中，包含我的健康，還有我的心靈都遭受嚴重打擊。健康方面，不用說，我都已經罹癌了，現在又受此重創，幾乎當場就要失去生命；心靈部分，車禍事件也讓我見證台灣的人情冷暖，還有法律上的種種怪誕條文。

《生命金句》就算是生命之火可能將要熄滅的人，也還是要創造價值。

一場車禍，雪上加霜

車禍當天我被送醫院時，醫師已和我家人宣判我已無法搶救，雖說還在觀察，但肝臟衰竭，肺部積滿水，基本上只是在等心電圖哪一刻變一直線而已。沒料到，我這身殘軀，撐到第二天，依然可以睜開眼，看到陽光。

之所以說車禍很嚴重的原因是，原本我渾身是癌，身子就比較脆弱，又有骨轉移。經此一撞，我的腰椎第一節爆裂性骨折，導至大小便失禁。我的胸椎也重「受」傷，讓我雙手無法動彈。總之，即便我後來「又」撿回一命，但醫師也宣告，就算如此，我將終身癱瘓。

要知道，當時我全身不能動地躺在床上，我的心情是如何的絕望。

我的個性原本是很開朗的，所以再怎樣聽到各類癌症噩耗，我都還是頑強地活下去。就算全身痛苦到極點，我硬撐也要撐出我的生活來。

但現在，這怎麼辦？我竟然全身癱瘓了，當場我不禁哭了出來。不知道的人以為我怕死，實際上，我並不怕死，我不甘心的是，我那麼努力想要活出自己的價值，為何上天連動都不讓我動？

還好，我這人就是這樣，低潮期，也就只有兩天，接著我就再次內心蠢蠢欲動，我就是要好好活下去。於是，奇蹟真的發生，原本先是被宣告即將死亡，後來又被宣告終身癱瘓，最後我在病床上失能三個月後，最終依然可以動起來。

我那被癌症啃食的骨頭，跟我的個性般頑強，竟然被撞到極度嚴重下，依然可以癒合。

但終究，如同摔破的瓷器再怎麼黏補回復，也已經岌岌可危。二〇一七年這一撞，我真的瞬間活力削減，車禍前和車禍後，我的人生有了極大的轉變。影響是雙方面的，一方面重傷，讓我的身體元氣大減；二方面，原本靠著運動可以加強體能抵抗癌症，經這一撞，讓我再也與運動無緣。於是癌症更加主導我的身體。

如果說二〇一八年以前的宜璇，是抗癌女鬥士。

《生命金句》處在「等死」階段，但卻有足夠的樂觀寫下紀錄。

那二〇一八年元月後，這個女鬥士已經知道所有招式用盡，認命了，也因此開始有了本書的構想。

沈老師，妳要面對現實

車禍是一種打擊。醫師的話則讓打擊深入心底。

人家說，醫師是比較「科學」的，但所謂科學，其實這世間只有被驗證過的才算科學，但有太多事原本也是不科學的，例如好幾千年前的人們都不明白什麼是空氣，什麼是細菌，什麼是電力。但後來都一一被證實真的有這些東西存在。

但重傷後的我，也不得不拋開浪漫的一面，聽聽醫師的「科學」。

那一回我住安寧病房，原本車禍重傷後我又逐漸可以行動了，甚至二〇一八年還可以稍稍趴趴走，但二〇一九年三月（也就是本書稍後會介紹當時的紀錄），我因為脊椎極端疼痛，幾乎已非人類可以忍受，被救護車送去台大醫院，後來住進安寧病房。

這一回曾和醫師有深入的交談。台大醫生語重心長地跟我說：「沈老師，我知道妳是個堅強的女子，但我有責任告訴妳實情。所謂的實情就是，台灣醫療史上，根本沒有奇蹟這回事，那些個什麼網站傳說的某某人癌症後來奇蹟式復原，或所有這類帶給病人希望的故事，其實說真的，翻開台灣各大醫院所有醫療報告，目前為止，並沒有任何一例，真的有所謂癌末之後突然奇蹟轉好康復的。所有那些個好消息，沒有一個是有經過嚴格考證可以有史料作根據的。」

醫生還好心的跟我說，要我好好面對現實，他認為我應該專注的事情不是去抱著什麼不切實際的幻想，而是該好好去想著，「最後的日子」裡，我該怎樣活得比較好。

再講白點，醫生說，就是要我「面對現實」。

哈哈哈，這世上沒有人比我更能堅強的面對現實了，我都已經和癌共處十年了。

但今天，我真的必須「面對現實」了。

因為身體已經告訴我，情況每下愈況，然後，我似乎真的聽到遠方死神在幫我倒數計時了。

天助自助，別讓自己成為社會負擔

有時候我的確不甘心，我是那麼努力的人。但如同醫師說的，我必須面對現實。意思是，第一，趁還活著，有什麼該做的就去做吧！第二，若還活著，妳要做些事來照顧「現實」吧！

現實就是每天起床後，從早餐開始，每件事都要花錢啊！像我這樣生病的人，家家有本辛酸史，因為久病病患絕對會碰到經濟問題，不只自己無力賺錢，還拖累家人一起沉淪。

但說起社會救助，很抱歉，我才四十出頭，「太年輕」了，根本沒資格去申請各類社會資源，包含碰到車禍，過程中，我這重病弱女子，許多活受罪的事，還是得自己撐著辦。

無論如何，我要「面對現實」，只要我可以動，我就設法為自己掙口飯吃，我絕不要放手讓自己成為社會負擔。但當然，我也絕不拒絕任何的社會資源挹注，在死神正式召喚我前，就讓我的努力和社會的幫忙，雙頭並進吧！

所謂天助自助者，大概就這個意思吧！這本書，也是我的其中一份努力。

好吧！前情提要講完了，然後，讓我們進入二〇一九年吧！

生命第一章　　〈元月〉

就是說，
我還活著，
紀錄這一年

—

—

活著，是堅強？
還是懦弱？
但不管如何～新年囉！
我還活著呢！

二〇一九年將至，活著迎接新年囉！

――――

跨年前夕

這二天，鍛練體力，趁著脊椎調整好，能走路時盡量走路。

走到大腿發抖中……

因為腰脊第一節是管大、小便，我車禍撞斷的就是這一節。

小便已經恢復大部分，但大便功能一直沒辦法完全恢復。

總不能每次大便要去醫院打止痛針吧！

每次腰一出力，就像再被車子撞到這麼痛……

前前後後奮戰六小時，總算……小有成績。

我還活著呢！

新年囉！

我還活著呢！

除了說聲「祝好友們，珠圓玉潤，豬事大吉」，

接著，不好意思，還是要來講講聽起來像閒扯淡的事。知道嗎？

昨天去醫院打抗癌藥劑，看了副作用：性功能障礙，

原來，我才應該參加台灣性功能障礙協會。

《生命金句》至少還活著，活著，就要想「活」路。

完全下不了床

2019 1 / 2

躺在床上窮極無聊，

翻翻過往臉書紀錄，

唉啊！看到八年前我的照片，那個之美的啊！我自己都迷上自己。

那是一張我跳肚皮舞的美拍，身材窈窕，貌如仙女。

至少，曾有那樣的美麗。那是歲月真實的紀錄，臉書為證。

但身為病人，我又能多悠哉呢？連窮極無聊打混自由都沒有，痛楚總會找上

我，抗癌藥劑打完，完全下不了床，吃喝拉撒全在床上。沒心情上網……

先這樣吧。

好死不如賴活著？

2019 1 / 3

活著，是堅強？還是懦弱？

昨天，第二次，動了自殺的念頭。

記得折騰一陣子，基本清潔完畢，才終於可以來吃我的第一餐：吻仔魚粥。

（不能下床，就算點了 APP 外送，也沒人去開門！）

友人建議：下次去完醫院要先去龍山寺收驚。

反正今天醒來就覺得氣很虛，

《生命金句》 只要今天的我，比昨天的我成長了，也就足夠了。 025

新的一年，大家仍歡天喜地的，我卻覺得活著似乎只剩一口氣。

但後來，怎麼了呢？我發現一個人生至理：

人生在世求什麼——肚子餓有飯吃

原來氣虛是因為沒東西吃，現在吃飽飽……就……有氣……了。

怪療法入夢來

2019　1／4

早上起床肚子餓，摸了一瓶雞精喝，喝完了又倒頭睡。

夢中見到一位大師，將睪丸放在額頭為我治病……，哈哈大笑醒來。

這是什麼療法，已經第二次夢到同樣的劇情啦！

想「活」路

2019　1／5

　　至少還活著，活著，就要想「活」路。

　　由於桃園市政府有身障創業補助，我想在桃園火車站附近租下一間教室，共五十七坪。舊曆年後啟用，作為複合式教室和辦公室使用。

　　但……在經營起來後，如果我身體狀況不佳可以有人接手來做。

　　政府補助不拿白不拿，思前想後良久，不租實在太可惜。

　　我於是對外公告：

　　有沒有人想做為共同創業辦公室呢？請 Line 我（不需大家拿資金，只想充份利用不浪費）。

　　我今天狀況很普通，幾乎說話都帶著喘氣，也站不穩。但……我是這麼想的，我需要生活費……，不創業完全沒機會活下去……。

　　或許，努力個一、二年，我可以領個「身心障礙傑出獎」之類的也說不定。就這麼決定了，我「重生後」的下一本書，就要來告訴大家我是怎麼成功

　　《生命金句》學習時間管理，第一步就是要做「時間紀錄」。

的。FB 是我的日記本，我會繼續紀錄下去。沒有回頭路，繼續往前邁進就對了……

今天的我比昨天的我成長 2019 1 / 6

現在的我，嚴重骨質疏鬆，掉了一顆門牙；頭髮將近二個月沒洗都是皮屑；氣血不足，皮膚脫皮。

這樣的我，居然還有臉出門？？？

我告訴自己，一無所有的人沒有資格談面子，其實我好想嚎啕大哭……。

我大概可以知道，真的是營養不良造成氣血虛和喘的問題。

身體越差越吃不下，這幾天一天最多就一餐，第二餐無論如何也塞不進去了。維他命、魚油硬吞進去，半小時就又吐出來。

明天來試試看，一天一瓶雞精有沒有效？吃不下用喝得總行吧！前二天喝了一瓶，是有想吐，但終究沒吐出來。（好像有句話說：「臨終前身體會自然排空」，看來要想辦法讓自己吃點什麼。）

說起來，我還是很惜命的吧！哈！還肚子餓呢！

我的朋友對我說的沒錯，現在的我的確很幼稚，需要快點長大。從吃飯、大便、尿尿開始學習，車禍一年了，到現在都還沒學全。

重生後，總想著活下去，到慢慢可以接納自己殘破不堪的身體。

重生後，從羨慕別人都在前進，生氣自己的原地踏步，慢慢學習不和別人做比較。

只要今天的我，比昨天的我成長了，也就足夠了。

　　昨日和語姍在 FB 短暫溝通後，半夜總覺得遺漏了些什麼，有點睡不著，爬起來卜卦，得地水師。今天一早醒來恍然大悟，人，不是想往哪就能往哪？還有一個戶籍的問題，果真，小套房房東一聽要遷戶籍，就……。

　　雖然，我很想回到小時候聞那硫磺的味道，想每天泡泡溫泉，想在新北投公園推著散步車散步……，但戶籍呢？離婚後戶籍要搬去哪裡？沒地方落戶呀！看來只有等我創業成功，買了房才能圓夢啦！

　　人，為何一定要有戶籍呀！不知道，反正每次離婚都要煩惱落戶問題。

　　既然搬去北投卜了個地水師，打了回票，那麼按原先計畫呢？得乾為天，一爻變「九五，飛龍在天，利見大人。」

　　關於經營的問題，我自己在腦袋中早想過不下千萬回了，也有好友一直問我：「妳到底要做什麼？」我說：「做利他的事業」。我的命是撿來的，我的創業啟動金是好友給的，在拿這筆錢時，我問了，「你需要我做什麼？？？」友人說：「你要做什麼都可以，只要你開開心心。」

　　我的眼眶濕了，經營對我來說，根本不重要，重要的是「開心」。我只要想著把我在別人身上得到的愛，分享給其他需要的人就好，無為而治吧！再說了，房租二萬二千元，政府補助二萬元，我哪來的經營壓力呀！其實再仔細想想，不過就是怕寂寞，想每天有人來陪我聊天罷了。

　　淑華和我說：「協會募款不易，想要經營一些項目來創造利潤。」我知道她深陷在她的公益事業中，根本抽不出時間來做其他的事。公司經營好了，有了盈餘，就都交給她吧！我早公開說了，一旦我離開人世，所有的資產都給「中華大腳印關懷協會」（這個協會是我在車禍住院時協助淑華創立的），讓她去幫助需要的人

《生命金句》學習健康管理，依然要做「飲食紀錄」。

今日備註

面對刑事重罪,肇事者終於肯出庭了。我怕你再躲不敢負責,只列了百萬讓你支
付,你還有臉叫窮……

醫療鑑定已經出來,就是中度殘疾,7級。單就只算看護費,如果我真就不幸要活
到八十歲,就要一千二佰萬……。其他,還有生活費、醫藥費、住宿費,都沒算喔!

沒錢,不然你領我回家,我讓你養…(這算是威脅嗎?)

紀錄的重要性 2019 1 / 8

　　學習時間管理,第一步就是要做「時間紀錄」;學習理財,也是要做「支出紀錄」;學習健康管理,依然要做「飲食紀錄」。

　　去完全優診所上課時,總會問林醫師我近日的身體狀況為什麼會這樣?又為什麼會那樣?

　　醫生又不是神仙,他不可能在沒有任何資料、沒有任何數據的前提下回答你吧!這時候就要拿出我的飲食紀錄和生活紀錄和醫生做討論。

　　雖然自然醫學診所,總有非常多好玩又有趣的各項檢測,但還是要配合我們自己長時間的飲食、排便、生活作息等紀錄,才能找出比較正確的答案。

　　好友們會發現,我很少會推薦 FB 好友買營養品,是因為營養補充品的劑量,很重要。不像我們買燕窩、買高麗菜、買水果,不論是多吃、少吃影響不是很大。

　　我當老師很久,我非常清楚天兵學生真得很多。

　　真的,每次再三叮嚀,回頭就給我忘記。還記得有一次和學生分享在肚臍燃艾灸,再三強調要先舖鹽,再放上艾草。結果,她就是記不得鹽巴這件事,「你是要自焚喔」、「你把艾草給我拿出來,以後你就來教室我幫你做,千萬不要在家裡亂搞」。

　　我明明教的都是大人,怎麼經常會有這種天才狀況,我也不明白???

《生命金句》我自首,我一輩子都學不會順從這二個字。　　　　　　029

進食很重要

早上問許醫師：「最近很奇怪，連吃維他命 C、魚油…這麼基本的，都會吐，也吃不下飯……。」

許醫師回：「因為新陳代謝不良、沒有完全燃燒，能量不足，加上癌細胞拼命吃你。」接著推銷了某個細胞產品，最可怕的是後面這句話：「一位非常嚴重的乳癌病人（整個癌症長滿手臂、肩膀）活過五年，最後死於脊椎斷裂癱瘓。」

「死於脊椎斷裂癱瘓」，這幾個字好怵目驚心呀！我想這或許也是我的結局，深呼吸中……。

早上吃了曾經治療好我多年咳嗽的「食物」，果真胃口大開，剛吃掉了一整個便當。看來這食物是適合我補充能量，以前有效，現在依然有效。

還有太開心了，今天排便超級順順順、氣也順順順，說話不喘了、食慾也恢復了。

昨天還在想：是不是要來喝雞精補營養？和中醫師討論後，她怕雞精對我還是太補了，吸收不了，便祕會更嚴重。

根據以往曾用燕窩調整好我十多年的慢性支氣管炎，所以就決定以空腹食用燕窩來調整我脫皮、便祕、氣喘等問題。

感謝上天，一擊即中，立即減輕痛苦。只是這癌症真是「富貴病」呀！只能用最溫和的食材來補氣血和蛋白質，也幸好我的身體能吸收。

別靠打壓我來證明你強大

I am king。

我自首，我一輩子都學不會順從這二個字。最多也只能做到表面上應付一下，或說服自己不和你計較而已。

埃及男人和你說：我欣賞台灣女人的獨立，不像埃及女人只會順從。但和你求婚時又說：你喜歡跳舞，我會請鼓手來家裡讓你跳給我看，但你不可以在其他男人面前跳舞。

台灣男人和你說：你好勇敢，你做的事我一個男人都不一定敢做，你給了我很大的勇氣。但結婚後：你怎麼這麼不聽話，你太高傲了，男人是天、女人是地。

我只知道別再嫁人了，再怎麼嫁，婚後那男人都在與你抗衡試圖掌控你。

強大，是要自己去完成，不是靠打壓我來證明你的強大。

I am king。

富養

　　我實在很適合富養，燕窩飲食第三天，一大早腸道非常輕鬆，胃口也極佳，一日二餐進行中……。

　　慈濟師姊會拿捐贈物資－尿片給我，我好想問能不能換成燕窩？

　　我知道……捐贈物資中絕對沒有燕窩這一項……。

　　但我吃了燕窩就不需要包尿片呀！

　　今天閱讀一本書《破解癌症，癌症是症不是病》。書中說，癌症之所以發生，是因為罹癌者，或多或少有「死亡意願」。癌症會復發也是源於此。

　　唉！我覺得車禍也是有這原因，當時，只要一聽室友又開始抱怨，我就會想煩「死」了……。

　　嗯！不管有多大困難都一定要來克服這段充滿負能量的婚姻。因為，真遇到問題了，之前申請的越傭無法來台，現在換另一位菲傭，時間上又要往後延一個半月……。

養胃容量

和語姍用午餐，四盤壽司已飽……，對，這就是極限了。

別人是養胃，我還要養胃容量……。

美好的食物

　　按理說，木耳、珊瑚草都有排便的效果，可能還更好。燕窩主要是補中益氣，排便不是它的主要訴求。

　　　　《生命金句》癌症是因為人或多或少有死亡意願；復發也是源於此。

我都試過（誰都會從最便宜的開始吃吧！），卻是只有燕窩有效，我吃完當天就有感，到今天已經完全沒有便祕的問題，而且順帶也改善了「喘」的問題。只能說：食物，能不能被吸收，才是關鍵吧！

我在想，吃營養品通常都沒反應，甚至會吐出來，是因為它成分太單一，不像食物是複合性的營養成份，我身體太虛根本無法吸收，就自然排出了（吐）。

燕窩吃了之後，現在維他命 C 也能吃了，也不會想吐，總之，再多吃一陣子觀察看看吧！

感謝上天，賦予我美好的食物 ....。

突然好想吃水果，去家 X 福嗎？還是去 X 家牛排，吃人家削好的？

今日備註

腦袋中一直在想著，要怎麼布局我的事業。首先，要先脫離負能量，不然只會讓自己運勢越來越差，一直被打壓，根本翻不了身。

然後，做自己熱愛的工作，我想，只有自己喜歡的事，才會不覺得累，才會做得開心。我的身體狀況，也只能做讓自己開心的事啦！加油！！！

關於治療癌症時【紀錄的重要性】，
可掃描以下 QRCODE 看更多資訊：

生命第二章 〈元月中〉

啊！我要搬回台北了

—

—

開心♡開心♡開心♡，
心花朵朵放，
這才是人生呀！！！

重回自己熟悉生活圈，真棒！

————

在 FB 許願，成真！

清晨起床，在群山環抱中，泡一壺茶閱讀寫書；
中午推著助行器，漫步公園曬曬太陽；
下午，十多年前的學員，三五好友，敘舊聊天；
傍晚，泡溫泉水療 SPA，遠眺觀音山夜景。
我發現，只要在 FB 許願，願望都將成真……

　　我搬回台北了，新北投溫泉小宅，在家就能泡湯，有青磺泉與白磺泉，又能和十多年前北投社大的學員敘敘舊。

　　脫雙第一天，無比輕鬆，終於可以自由自在地呼吸。沒有對照組，真不知自己現在有多愜意。

　　不安全感不是向別人索取就能得到滿足的，索取不成，就像個長不大的孩子，沒日沒夜的鬧、搞破壞、耍心機……，我的身心靈都已經被他掏空了，變成了個總忍不住一直在抱怨的怨婦。

　　哈哈～早就該離開了，不過，話說回來，時機不到想離開也沒門，也只能順天應命。只不過我的順天應命是因為自己沒想透徹，天、地、人三才，人介於天地間，我們敬畏天地，但不必屈就於天地，人應與天地同光。

　　我回到了我出生的城市，這裡的一切充滿了兒時的回憶，就連空氣中的硫磺味也是那麼熟悉。

　　《生命金句》順天應命是不必屈就於天地，人應與天地同光。

憂鬱症與我

今天上診所的課,很不一樣。授課老師說,他有很長憂鬱症的經歷,為什麼醫師、心理諮詢師也會得憂鬱症?不用懷疑,真的會。

我自己也有長達三年焦慮症、憂鬱症、躁鬱症的經歷,甚至二次被叫去台大精神科住院。不能帶任何東西、不能會客,要完全和外界隔離,一切配合醫院安排的各項活動,不論你想不想參加。

怎麼得憂鬱症的?就因為工作壓力大。本來跳舞是件快樂的事,卻因為每位商業上的前輩都來找我「合作」,告訴我人脈就是錢脈,要抓緊時間賺錢……。完了!本來一個好好的藝術工作者,卻偏偏去搞經營管理。一方面,自覺意氣風發,好不得意;另一方面,內心深處痛苦萬分又不敢說,就怕影響到「生意」,只能硬著頭皮撐住。

俗話說:「錦上添花的多,雪中送碳的少。」當時的我對於「人性」就是這種想法,再痛苦,也要在外面表現自己很 OK。是賺了錢,我在台北的舞蹈教室,一間一間都用買的,去辦貸款時,銀行人員都投以羨慕的眼光,問我:「妳這麼年輕就能買貸款二、三千萬的房子,妳是怎麼做到的?」最後,癌症找上我……。

怎麼好的?總之,憂鬱症吃藥是不會好的,是在我得知癌症轉移,只有三個月生命時,就好了。不再失眠、也不用再吃藥,我的憂鬱打開了。因為我可以大方告訴所有人,我得了癌症,我快死了,我終於可以不用

再「硬撐」了，可以不用一直打勝戰，可以理直氣壯的失敗。

重生後的再次創業，不再需要「虛榮」；反正，在健康這件事上，我早就輸的連底褲都沒了。放下沒必要的面子、放下不必要的瞎忙，就只專注在自己有興趣的事上，就可以了。

養生模式啟動中

「以愛為名的家暴多是漸進式的，會先以控制、辱罵、彰顯自己的優越等方式，再進階到肢體暴力等。」診所授課老師說，因此能安全脫身最重要，冷靜、理智、別激怒對方。

昨天上完診所的課後，醫師娘翻開我的衣服嚇一跳，趕快把林醫師叫來。

原來，我下背部的淤血是「紫斑」，血小板過低造成的，難怪我總會不時吐一些血，例如敗血症就是一種比較嚴重的血小板疾病。

治療方法，正統醫學會使用類固醇，但我的腎臟應該無法承受這些西藥。林醫生給了我二瓶 C.E.O.（微量元素），讓我早晚補充，另外讓我做熱敷，以促進血液循環。

我和醫生說：「我週六才剛搬到北投準備每天來泡溫泉。」醫生笑了：「妳真的是有神的指引，該做什麼？你的身體總會給妳答案，妳如果沒有錢要說？」

還好不是「屍斑」……。

剛叫愛心計程車，下車時司機給了我一百元，叫我買個便當，好好吃飯，說我營養不良。

看來這「紫斑」（內臟出血的問題），不好好處理，氣色很難好起來，居然連小黃司機都給我零花錢，叫我下車先去吃飯。

《生命金句》不要只想小確幸，而沒有想要賺錢的動力。

每隔一陣子就要學習認識一種疾病。林醫師說：「甩手功＋C.E.O.＋泡湯＋脈輪＋一直吃（只要能吃的下就要一直吃）。」

來吧！養生模式啟動中⋯⋯。

泡湯水療　　　　　　　　　　　　　　　　　2019 1 / 16

好好笑，上午去室外泡湯做水療，一沖到左側的背，就哭。原來，不是我不哭，是哭太費體力，我沒多餘的力氣哭。嚎啕大哭，很難，最多就是啜氣，也啜不久，大概二十秒就累了。

泡湯偶遇骨科醫師，才知道這社區醫生住戶還真不少，只是由於工作繁忙他們並不經常來，來得勤的人大約一週二次，來得少的人大約一個月來二次。真是太可惜了，還不如住附近的溫泉旅館吧！有人打掃、又有餐食、還可以換著看不同的裝潢⋯⋯，算了，人少也好，美景美泉我獨享，我賺大了⋯⋯。

三小時泡室外湯，做水中運動，好累要回去睡個下午覺，然後，完全不會餓，是怎樣？？？等下學生說會幫我煮個小魚稀飯。

車禍前，我的頸部就不能動了，無力＋疼痛＋僵硬。

被車子一撞後，反而可以動了，醫生說是因為脊椎受傷啟動骨頭自我修復。那如果我每天做水療用水柱沖擊脊椎，會啟動骨頭修復機制嗎？還是會加速斷掉？

我不敢問醫生，所以自己試試看好了。斷了，頂多救護車送到醫院⋯⋯。

不論如何，沒有大家對我的關愛和幫助，我很難活到今天。我很想說一些很了不起的話，例如：「我一定會好起來，來幫助其他人。」但眼前還有太多要克服的困難。

希望，有一天，我能大聲說出來。

溫暖的冬天

什麼都沒帶——帶了筆電沒帶充電器、帶了料理機沒帶菜刀。

等於什麼都用不了呀！嗎啡後遺症？還是我本來就迷糊？

被自己氣死。

準備出門中……骨頭很僵硬，天氣冷會有點痛。

頸部上的傷口，泡青磺泉居然不會痛，好奇怪，青磺泉很酸，一點點傷都會很痛才對。泡完湯皮膚會乾，所以有努力抹精油乳液，皮膚更新二十八天，一個月後來看看有沒有變化。

其實我覺得好像比上次沒那麼紅，而且有結痂。

幸好今天有朋友和我一起走回家，天冷出門對體力是一種挑戰，先來睡覺，睡醒再來泡湯，家裡就有溫泉實在太幸福了。

今年有個溫暖的冬天！

今日備註

睡前突然想到一件事，離新北投最近的醫院是哪間？我要把病歷資料移過去，最重要的：要寫好放棄治療同意書，有狀況，千萬別救我。

我看過不幸被急救的下場，比下地獄還可怕。

坐在陽光下閱讀

生病前、生病後，都是自己照顧自己。

有點累，本來不想出門，看到窗外的陽光，決定以吃早餐為目標，散步到吉X家吃早餐，八十九元，份量剛剛好。

本來是要帶著一本書《我在星巴克喝咖啡，用 notebook 上網賺百萬》去

《生命金句》沒有「準備好才上路」這件事，「邊做邊學」才能讓自己進步。

星巴克閱讀的，途經公園，還是覺得陽光這麼美好，坐到店裡太可惜了。

幫我的小推車找到一個好風景，坐下來閱讀中，我也想出一本《我在公園曬太陽，用手機上網賺百萬》。哈哈～～光這書名就很 Low，沒人想買。

又再度進入泡湯模式，一邊看夕陽，一邊想著我的這種身體狀況，到底能做什麼？只有賺了錢，才不會成為家人的負擔。

賺錢不難，還是「心」的問題，台灣很多人只想要小確幸，沒有想要賺錢的動力。我自己也是，透過 midorilin 的介紹，我明明知道這是能賺到錢的事業，但我還是想跳舞到最後再說。

現在，不但不能跳舞，連走路都有障礙，可以好好來做我的精油事業了。我從大學時就和台灣一位有名的芳療師學精油，比跳肚皮舞的歷史還久。

車禍前，經營了約三個月就月領萬元，休養的這一年完全荒廢了，現在必須再度開始好好經營啦！昨天，去公司幫忙友人代買精油，領到了不少贈品（三瓶精油和一支牙膏），今天有點感冒，剛好尤加利就能用上。

感謝好友的購買，贈品我就收下了喔！

·······宜璇的健康筆記

抗癌產品真的有效嗎？

關於免疫力，我也搞不清楚，我看很多 FB 好友，感冒都會拖上很久，但我幾乎不超過三天就能自己處理好了（我的觀念是感冒不用看醫生，

流感才要）。

但紫斑，又是和自體免疫有關。

我從小身體就很差，一個月三十天裡，就有二十八天在急診室，是在罹癌喝了幾年天仙液後，就很少感冒，感冒也能在自己調理下很快痊癒。

昨天去公司，回家時頭吹了風，到現在還在頭痛、喉嚨痛，但我知道怎麼調整，不出三天很快會好。這樣到底是免疫好？還是不好？

天仙液，台灣某醫生推薦的抗癌產品，我癌症轉移後的第一年為了「好起來」，平均一個月喝台幣八萬元。癌症並沒有因此得到控制，但幾乎沒再感冒倒是真的。

經過這麼多年，做癌症志工，自己所見加上癌友所見，不管多「知名」、多「昂貴」的保健品，其實都無法阻止轉移性癌症的復發。在醫院看了太多自以為吃保健品保養得宜「好了」，十年後還是變成末期或復發。

活太久，所以看得透徹──因此無論什麼人在和我說什麼產品有用之前，恐怕要先拿出你在癌症轉移後已生存超過十年的證據，不然，很難說服我。

與癌共存已正式進入第十年啦！

強迫自己走出門

才發現我住的這一區，沒 APP 外送，這樣也好，必須要強迫自己出門散步，十分鐘路程內到是什麼餐廳都有。

出門，有山、有樹、有溫泉、有蝴蝶⋯⋯，路上的人們大多是來爬山或旅

遊的，大家都帶著微笑，讓我心情也跟著好起來，住在這裡真好！

看好友們的十年前後，不論是保養得宜或好用的軟件美肌，都越來越美……只有我，因疾病的折磨越來越醜。

從小沒別的優點，就是長像漂亮，看著自己的容貌一點點流逝，其實也還好，沒有特別覺得難過，可以接受自己的不完美，但討厭沒用的自己。

有人問我：你一個人住？

對呀！就一個人住。光起床這件事就要半個小時才能坐起來，真得挺艱難的。

翻翻一年前的今天，我在臉書上的留言，很有意思：

什麼是快樂？？？
生病前，擁有可任意支配的財富，是快樂；
罹癌後，盡情活出自我，是快樂；
車禍後，有一個容易生存的空間，是快樂。
什麼是快樂？？？內心的富足是快樂。……原來，這句話是這個意思。

······宜璇的健康筆記

別把保健食品當神藥

許醫師回覆癌症病友的二種營養品：速養療（麩醯胺酸 glutamine）及 SOD 酵素，充其量其實只能當保健食品，無法當成抗癌藥物，中間差別

要清楚。

速養療（麩醯胺酸 glutamine）是廠商大量向醫師及癌症病人推廣的營養素，這是沒有必要而且是錯誤的，因為這是人體能自己合成的胺基酸，飲食正常的人根本不需要。這個胺基酸是正常細胞與癌細胞都需要的重要營養素，補充它也同時助長癌細胞營養！科學家甚至在研發抑制的藥物來阻斷癌細胞營養！如果你們還在使用它，強烈建議停止服用！

SOD 酵素（Superoxide Dismutase）是所有生物自有的一種抗氧化酶（即酵素，蛋白質），只要生活，飲食正常，細胞自己會產生，它主要功能是中和自由基（O-），不需要有體外來補充，更不可能經由口服來取得。事實上所有「酵素」都是蛋白質，必須被分解成胺基酸才能被吸收！酵素只是提供食物的分解（食物酵素）及口感（發酵），人體內至少有已知五千種酵素，都是自己合成！無需花錢購買。

人行道　　　　　　　　　　　　　2019 1 / 21

　　一年前的今天在 FB 許願，現今終於搬成家了，說現任桃園市長鄭文燦做的好的人，一定不是身障人士，整個桃園市中心根本沒有無障礙環境。出門輪椅只能推在快車道上，隨時都要準備和車子對撞，真得好可怕。搬到新北投，至少，有一種東西叫「人行道」……。

　　一年前（二〇一八年）的今天，我的 FB 上寫著：

剛坐在床上哭完，現準備嘗試出門。

沒辦法，對不良於行的人來說，外出環境就是這麼不友善。在搬到相對安

　　　　　《生命金句》當我得知只有三個月生命時，憂鬱症就好了。

全性高的外出環境前，也只能這樣了。

畢竟我，太渺小了，無力改變些什麼。

台灣桃園市區的路面，全都是高高低低、坑坑洞洞，就算買了助行器，根本也沒辦法推著外出。每天政府都在修路，卻從來都修不好，也是怪了。

為了健康，我要搬家，既然改變不了大環境，也只能去選擇一個相對上，稍稍好一點的居住環境了。

今天下了點小雨，泡白磺泉時硫磺味比較重，水色也較白。但這種天氣，泡溫泉超舒服，所以我泡了整個下午。

宜璇的健康筆記

每天二次泡湯＋散步練氣功＋精油

天呀！天呀！我的脖子幾乎快好了，一年半搞不定，搬來北投九天，側面的結痂都沒了，現剩下頸後較嚴重的地方。

每天二次泡湯＋散步半小時＋早晚練氣功＋神聖檀香精油。今天的地氣，很舒服。就一邊練氣，一邊睡覺好了。

我真是很老派的人耶！就很喜歡檀香，剛好皮膚很乾就拿檀香來滋潤臉部皮膚，順便按摩頭皮放鬆，然後搞笑的對話就出現了：「小妹，你有神明庇佑，身上很香，難怪生命力這麼堅強……。」

我回：「姊～我塗精油啦！」

好友會發現，我什麼品牌的精油都有，加上好為人師，因此常常分享精油知識。只要品質好、適合自己能量的、對自己有幫助的，就是好產品。好的產品，無需任何人代言，你的鼻子會告訴你答案，傾聽身體的聲音。

與肚皮舞相關的暫不回

2019 1 / 22

謝謝友人百忙中和我共用午餐，有吃完一整份，很棒！

希望我的現況沒嚇到他，我的情況，按醫生的說法：「會越來越差。」旁人看了或許會很難受，但我自己還好，能坦然接受這千瘡百孔的身體。

另外，針對有朋友網路留言和我請教。真的很抱歉，關於肚皮舞的知識方面，我暫時無法回答。

我的身體狀況不是太好，幾乎都在昏睡，時間和精力很有限，目前先以調養身體為主，和精油、飲食、癌症……身心靈有關的可以和大家分享和回應，其他的領域目前力不從心，暫時擱置。So Sorry！希望好友能體諒。

做好自己就行

2019 1 / 23

昨天一起聊天的友人，有人覺得我的狀況不太好，也有人覺得還好。

其實搬家後，每天都是微笑著睡覺，微笑著起床，內心很溫暖呀！我已經可以利用一些方法用蓮蓬頭自己洗頭了，但太久沒正常梳洗，我的皮脂已經有些狀況，就用精油慢慢調整吧，不急！

今天想去星X克寫稿，泡完湯來準備出門。

我已經找到想努力的方向，也有了支持我向前邁進的人，應該沒問題，做好自己就行。

　　　《生命金句》放下沒必要的面子，才能專注在自己有興趣的事上。

宜璇的胡思隨筆 ————

當文字變成影片的狂想曲

一位可愛甜美的學生和我說,可以把我的文字轉換成影片。

其實我也一直有在想做直播這件事,但還是免不了有些心理障礙。例如,我早上光是從床上爬起來,就需要花費半個小時。文字,就是這麼簡短一句,但如果拍成影片?就會看到一個披頭散髮的女人,在床上用著極其怪怪異的姿勢蠕動著,用盡全身力氣,雙腳勾著床緣,雙手到處亂抓,嘗試各種支撐點,極其疼痛地從躺著的姿勢坐起來,然後慢慢滑動到床的邊角,最後下床。

前室友曾形容這個起床過程,像是在拍恐怖片。這種畫面,我大概只想拍給肇事者看,讓他一輩子良心不安,每晚做惡夢。

文字,有些事,可以輕描淡寫一筆帶過。

和生活談戀愛

2019 1 / 24

好開心我的 FB 已經沒有了抱怨文。活在戀愛中真好,和生活談戀愛。

早餐:燕窩＋滴雞精第二天,胃口很好。雞精和滴雞精,效果完全不一樣,又很好喝。

中午居然能吃下雞肉飯套餐，真是太了不起了。

現在出發到內湖三立電視台，晚上要去桃園八德見批流年的老師。看看晚上是否還醒著？就說了，身體欠佳就只能富養吧！

晚上回家，沒想到今天早上一包滴雞精，下午友人媽媽的手作滴雞精，居然可以讓我從早上十點半出門撐到現在，給自己掌聲鼓勵鼓勵。

現在來去泡溫泉，欣賞夜景……。

今日備註
看完網路上的微電影《你好，幸福》，感想如下：
＊ 靈感即在生活。
＊ 就像這些色彩，在各自繽紛後都要回歸純粹。
＊ 小時候，幸福很簡單；長大後，簡單很幸福。

沒有解決不了的問題

2019 1 / 25

今天太陽很好，到頂樓花園，在群山的環繞下曬太陽、看書。

然後，根本變身大胃王啦！吃完唐山排骨套餐後，居然還餓，再加點一份香菇雞湯。

醫生只和你說：「要多吃、少量沒關係要多餐。」但吃不下就是吃不下呀！

多方嘗試各種食材，原來雞湯和我身體最合，才第三天，體力、胃口都恢復了。

永遠不要放棄，多試幾次，沒有解決不了的困難。

搬到台北後，居家東西都安頓好了，接下來就是「有好多課可以上」，滿心期待中。

一個被醫生說快要死的人，每天去進修是為了到天堂當老師嗎？但，我會

《生命金句》就像這些色彩，在各自繽紛後都要回歸純粹。

是最活力充沛的癌末病人，說不定，每天活得太充實，可以把癌細胞累死也說不定。

宜璇的胡思隨筆 ————————

金錢財富轉頭空，唯有精神信念才是人生價值

說要去找台北商業大學校長談點事，年前大家都忙，一直到現在還沒約見面。和校長認識是因為當時在籌畫宋先生處理兩岸論壇的事情。同時也因為做台灣微品牌社會企業，經常在前台北市議員李新辦公室開會，也因此而認識自然醫學林醫師。

物是人非，隨著李新跳樓身亡和身邊認識的人一一離世，我也想了很多：人生在世，到底在求什麼？

其實什麼都沒有，財富、名利隨著人的離開一切回到空；會留下些什麼？你的精神、態度、信念，才是真正有價值的東西。

能量

剛出門買中餐才發現，外面好冷。

下午使用了漢方精油，的確有補氣補血之效。不過再拿出我愛用品牌的悅幸福精油發現能量會相互抵消。好好玩，能量到底是什麼？雖然很難用嘴說，但身體能確實感受到它的不同。

回到房間，突然想起我有沉香茶，既然要漢方，就來漢方到底。

入住安養中心？

感謝桃園青創會陳大哥的一句話，那天我帶了一位做公益的朋友去請益，他說：「其實你自己就是很好的企業顧問呀！」

是呀！認真想想，自從被醫生宣判死刑後，我每天就是「混」日子，雖然一直叫窮，但扭扭屁股每個月五～八萬元也是有的（想花多少就扭多少）。

這車禍，我總覺得自有深意，它奪去了我唯一不用經大腦思考就能輕鬆賺錢的本領，讓我這被嗎啡催殘過、快生鏽的腦袋，要好好來激盪一下，「個人＋平台」這生意可以怎麼玩。

最感謝台灣政府、肇事者和室友，讓我知道生活的殘忍，除了用很微少的創業補助之外，沒有任何補助可以申請，也沒有任何家人親屬可以依靠，想活下去就必須自己想辦法。

永遠不會忘記社會局派人來訪談後和我說的話：「很抱歉，你生活無法自理的情況，沒有工作可以提供給你，也不可能叫一個癌末又中度殘障的人去創業。只能通過醫院安排你住進安養中心，這個費用，政府會承擔。」

住安養中心，也行啦！至少不會淪落街頭。不過，在住進安養中心前，總有些好玩的事可以做吧！反正，最糟的狀況也就是這樣了。

《生命金句》人生在世，精神、態度、信念，才是真正有價值的東西。

別畫地自限，「邊做邊學」才能讓自己進步

做自己的人生規畫師。

最近不少舞蹈老師和我聊到一個問題，大家會發現好像不少舞蹈老師開始做「副業」。

這很好呀！人生本來就不只有一個面向。我們每個人都有自己的人際關係，可能是人妻、可能是媽媽；我們都擁有著舞蹈以外的興趣愛好，可能是很善於煮飯、喜歡爬山、唱歌……等等。

把自己的生活經驗和興趣愛好和人分享，也不是多麼困難的事呀！還記得上過我肚皮舞證照班的老師們，應該會記得我和大家說過：「不要自我設限，只要你懂得比別人多，那怕只是一點點，你都可以帶給別人知識。」

沒有「準備好才上路」這件事，「邊做邊學」才能讓自己進步，讓自己做的更好，更符合客戶需求。

網絡時代，是「個人＋平台」的時代，是人才共享、知識共享的時代。我和大家說，我預計在半年內實踐自力更生，六個月後達到月薪十二～二十萬，並不是在開玩笑，是我的腦袋中，已有策略。在 FB 上許願都會實現，是因為我只要按我的事業藍圖和策略去執行就行。

《生命金句》永遠不要放棄，多試幾次，沒有解決不了的困難。

想把脊椎搞好

2019 1 / 28

睡覺睡一半,被鼻腔的血塊嗆到,起床清血塊,這已經是今晚的第三次了。只要躺著,口腔、鼻腔經常會有這些東西(我知道我內臟出血,但因為放棄治療,到了醫院也只是躺著,還不如躺家裡)。

每次換醫生,對方都會被我的身體各項指數嚇到,會立刻幫我辦理住院,之後,就會發現幾乎不會在病床上看到我。

上古時代,人的壽命是以數萬年計算,直到我們開始狩獵、取火飲食、畜牧……這是食氣者的觀念。人只要不怕死,就不會死。

回正題,處理當下的症狀就好,我現在最大的問題,還是車禍造成的脊椎問題——我只想把脊椎搞好,才能方便行動,其他困擾不大的無所謂啦!吐幾口血,好像對生活也沒什麼影響?常吐也就習慣了。

今天想去新北投唯一的大型書店——何X仁。路程八百公尺,要用走的?還是坐小黃?還有,書店在二樓,如果用走的,我的小推車要怎麼上二樓?

很多人會問我,如果時光倒流,你會不會做不同的選擇?

不會。

不一定會更好呀!看嚴凱泰就知道,所謂的模範病人,二年就離世了。

人各有命,不需要去想這種無聊的事。

人生的選擇,就像賭博,下好離手。

服務業與尊重

2019 1 / 29

看完一本書後,肚子餓了,想去連鎖日式餐廳吃早餐,然後要去星巴克或我的空中花園寫課程教案。

寫完教案去連鎖餐廳吃飯,有一桌大陸客人說:「我們不吃豬肉。」

然後指著腱子肉問服務員:「這是什麼?」

《生命金句》每天活得太充實,可以把癌細胞累死也說不定。

服務員：「腿。」

大陸客人：「好，那就要這個。」

腱子肉，不是豬的腿嗎？

想到之前接待中東客人，帶他們去知名西餐廳吃牛排，想說，應該沒問題吧！吃完服務員才說：陶板上的油是用豬油煎的。另一次，去吃冰淇淋，吃完才知道，冰淇淋也是有用到豬油。

阿拉！對不起！在台灣少有穆斯林能吃的食物呀！

宜璇的胡思隨筆 ——————

化療藥施打是治療？或是折磨？

看到好友說，一次打四種化療藥，連續打三十六小時，打到昏倒就中斷，眼淚就掉下來了。

我完全無法理解，這是在殺人還是在治人，不要說有沒有癌症了，就算把最強壯的黑猩猩抓去這樣搞，也只剩半條命吧！

算了，醫生要這樣做，有什麼辦法？出去走走曬太陽，散散心，還是天然的尚好。

《生命金句》當身體或心靈生病了，更要出去曬太陽，散散心。

宜璇的胡思隨筆 ————————

知識產權與職業規畫

在看大陸的網站時一直會出現 IP 這個詞，如 IP 品牌。早上才搞懂原來是「Intellectual Property（知識產權）」。

IP 品牌：賦能、賦情、賦值，指的是內容創作力、情感共鳴、商業變現。

個人 IP：對某個知識技能的極致追求，與人們產生價值互聯或理念共鳴，帶來強大的變現能力。

內容 IP：內容力、人格魅力和共情能力的複合。是內容的創作者、擁有獨特的價值觀、能用文學或美學表達，最後能形成自品牌。

不知好友是否能看懂。總之，我覺得很適合我的職業規畫。

這些淡淡的人

2019 1 / 30

車禍後，第一次在沒有人陪伴的情況下傍晚外出。樹下、房子旁邊有站了幾個淡淡的人。

我不要一個人去醫院是因為，醫院有很多比較清楚的殘肢（某位師姊說，因為觀音疼我，所以把恐怖的地方遮住了，不讓我看）。

　　　《生命金句》人各有命，不需要去想「如果人生再來一次」這種無聊的事。

但很奇怪，我發現這些淡淡的人似乎看不見我，我朝他們點頭他們都沒反應。但我明明看到一位淡淡的老先生，站在一對情侶旁邊一直看著他們呀！

前二天看的那本日文翻譯書《記得出生前，神跟我說……》，很有趣的一本對話書，是一個擁有前世記憶、胎內記憶的小朋友的訪談紀錄。原來在我第一次死亡後，可以看見的一些淡淡的人，是剛死去的人，影像越清楚的，是死了很久的人。

而且看完日本小女生的訪談錄後，我感覺，我不再害怕這些淡淡的人了。

我有二個啟發：

第一：我們可以重生無數次，但今生只有一次。

第二：神明都是很晚起的，而且喜歡喝很多酒。

一月結束了 2019·1 / 31

中午，伴隨著泉水聲和蟲鳴聲，坐在家門口吃便當（和住在附近的老人家）。

然後，二月來臨了。

營養不良影響皮膚，擦護膚油是必要

體力不好可能不好量化，我拍我皮膚給大家看就知道，很可怕吧！嚴重營養不良。只要，三天飲食營養不足，就這樣了。

另外，常用品牌的 V6 油沒帶到，手上只有一品牌的椰子油，每天早晚擦仍然沒用，明天要回桃園住家拿油。我就快變風乾的木乃伊了。

《生命金句》我們可以重生無數次，但今生只有一次。

生命第三章　〈二月〉

過年了耶！
我又過了一個春節

——

——

我要做「利他」的事業，
因為我自己什麼都做不了，
處處都需要有人協助。
在這種情況下，只有全然放下本我，
為他人著想，才有機會活下去。

相信奇蹟隨時都有可能會發生

────

相信奇蹟，愛惜自己

2019 2 / 1

　　沒有任何事比健康和好心情更重要。

　　新年應該要開心點，但現實很殘忍。許醫生的分享：「骨髓癌死亡率高達50%，化療及骨髓自體移植能短暫緩解。但……。」唉！我的整個脊椎都在痛呀！總之，詢問過幾位醫師，都建議我，以我的狀況化療會讓身體更差，應該很難活著出醫院。

　　先用乳香精油滴舌下頂著，明天，有位芝加哥醫院專門研究精油癌症治療的醫生要來台灣的 XX 醫院對腫瘤醫師進行相關交流，已經有連絡好見面，再來和他聊聊。

　　我相信奇蹟有可能會發生，只要我不要任意破壞身體的免疫系統，愛惜自己就會有機會。上次吹了風，感覺快要感冒，後來三天就痊癒，事實證明我的免疫力恐怕比很多 FB 好友都來得好很多。

關於【精油療癒筆記】，
可掃描以下 QRCODE 看更多資訊：

　　《生命金句》全然放下本我，為他人著想，才有機會活下去。

用備案應付變化 2019 2 / 2

　　越南籍看護突然因家裡問題無法回台，重新申請菲籍看護還需要二個半月，原本談好的桃園辦公室也只能先暫時放棄（桃園人手不夠）。

　　再一次地計畫趕不上變化。沒關係，就當做一切是上帝的安排，就把戶籍遷回台北市，做好重新的安排，還好我本來就有幾種備案，那就先進行第二個備案——先來做創業輔導，是有關精油講師培訓和店中店創業合作。預計九月台北示範店開業，十月再回桃園展店。

　　還好腦袋還能用，各種可能性皆有備案，畢竟我的狀況，不先做好各種可能性的設想不行。上、下游的合作非常重要，就算我突發任何狀況，都要有團隊可接手持續經營。

　　新的一年，揮別去年的陰影，做自己想做的事。

　　成立國際精油關愛協會，找黃石城、張善政擔任榮譽主席、農漁聯盟任榮譽理事。結果農會大哥把我帶到瑞芳山上拜觀音，前面的泥巴路已經走的很艱難了，這高高低低的石頭，我真爬不了。我怕明年的今天他們再來拜觀音時，要連同我一起拜。

　　終於拜完、吃完素齋，下山回到新北投，到市場吃冰，大大一碗居然才四十五元。話說，腰快斷了，好想速速回到家泡湯。而且我看今天這樣操，操完應該會掛二天爬不起床。

趁還能動時做一些事

討厭的淑華，一早就讓我哭慘了。

癱瘓時的無助，沒有經歷過是無法體會的，一遍遍絕望地吶喊：「為什麼不讓我死了算了」。最可怕的是醫生和我說：「你現在的好轉只是暫時的，隨著骨頭被癌症的破壞，還是會癱瘓。」

我想自殺，但不是現在。在現在還能動的時候，我想做一些事，我敬佩淑華的善良，但也擔心她過度投入把身體累壞，公益需要更多人的投入，但要量力而為。

如果我幫助有能力工作的人賺到更多的錢，他們是否會願意分享給無法自力更生的人呢？我想是會的。

不知道怎麼過年

大半夜胃有點怪怪的，早上拿鐵＋肉桂麵包，中午南瓜湯＋有糖紅茶＋雞肉可頌。

很久沒吃那麼多醣類，不會是這個原因造成的胃脹氣吧！

有好友怕我一個人孤單，問要不要一起過年。長久以來都在世界各國跑，非華人世界哪來的「新年」呀！

回頭看看，以前工作佔據了我所有的生活，我沒有過華人的節日、也沒有過生日的習慣，現在，呆在家有時間了，也不知道該怎麼過年了。

> **今日備註**
> 一整天都在想協會名稱，大家幫我出點意見，要登記在公益團體。
> 1. 台灣幸福協會
> 2. 中華精油身心靈發展協會

《生命金句》因為只有做自己熱愛的事情，我才能全身心去投入。

宜璇的胡思隨筆 ————

精油與農產品的結合

今天和農漁會聯盟談精油的萃取與銷售,不是只有高雄想把貨賣出去,
錢賺進來吧!

台灣的農產品因保存不易,每年不知要倒掉多少水果,真得好浪費,那
如果萃取成精油呢?保存期限可以一下子拉長很多。

其實聯盟他們自己已經有萃取沉香精油,只是精油還有很重要的萃取技
術的問題,小農們如果各自萃取,恐怕難採買專業的機器,技術達不到
就難以在國際上競爭。

再來是銷售問題,各地農會可以發展家庭精油手做課程,一方面消費者
可以擁有更健康無毒的生活,另一方面也可以帶動國內精油(農業)的
銷售,第三方面可以因此培訓更多的芳療老師提升就業率。

感恩

　　二〇一九年是感恩的一年，沒有所有好友的支持，我沒辦法那麼快能夠堅強起來。希望今年能夠平平安安，能夠自力更生。如果我能照顧好自己，我會把你們對我的愛傳遞下去，來幫助其他需要幫助的人。

　　期待好友們在二〇一九年繼續支持我的香氛事業，讓愛傳遞，讓幸福傳遞出去。

今日備註

這幾天，後背和肋骨超痛，頸部很緊，還是靠檀香精油讓我情緒穩定下來。
等師父上班要來約看脊椎，快撐不住啦！

一條完全不同的路

　　一定要把自己從椅子上拔起來，去吃午飯。

　　其實精油實在太好玩，我也怕自己，在沒有先做好基礎建設前就先玩起來，玩到忘記我是要來做事業。

　　放下，先吃飯去……。

　　我沒算過命，因為我想做的就會做，不想做的還是不想做，算不算都沒差。

　　但剛剛還是忍不住把生辰給了 Vidya 老師，問財務。老師說：我很會賺錢，但這二年的身體狀況……還是……不太好，搬來北投養身是對的。

　　接下來，就別往下說了……，我不想知道太多，只要知道能賺到錢就好。（我不想一直麻煩別人，雖然我很難不麻煩到別人。）

　　老師說：「車禍那年，我犯太歲，但只不過犯太歲就這麼嚴重也很不一般。」我笑笑和老師說：「在車禍前不久，我才剛和室友說，我會在這裡出

　　《生命金句》其實，癌症讓我們學到的真得比失去的多很多。

宜璇的胡思隨筆 ——————

我想改變「世界」！

在發展一個事業前，都要經過仔細的觀察和評估，包括他的市場性、客戶群、收入模式和結構，當然還有我自己喜不喜歡、能不能做到。

大家知道我要做的新事業—精油，前兩天和一位之前的舞蹈老師聊很久，她想知道我打算怎麼做？她想加入。（大家都知道，我的肚皮舞經營，不光是只有我自己能做到之外，我旗下的老師，現在都是檯面上的大老師）。所以……就連我那合不來的室友，知道我要做新事業，都很想加入的原因……，「既然我把人招來了，帶進來了，我就會考慮他的發展性。」

想要做到一個市場的領導者，要有其高度，我很少思考自己能得到什麼？但我會思考：這事情我喜不喜歡？因為只有做自己熱愛的事情，我才能全身心去投入。那麼，我思考什麼？

「客戶想要什麼？跟著我的老師想要什麼？」韓國瑜說：「貨賣出去，人才進的來」。這個沒錯呀！這二件事，一是本來就有其需要，二是可以透過我們去創造需要。對於我來說，本質就是「教育」。透過教育客戶、教育老師，可以做到。

在我三十歲時，我開始我的肚皮舞事業，它是成功的；現在我要開始我的精油事業，我相信我也一樣能做好，並且帶領大家一起做好。因為，對我來說：我想改變「世界」，在我的想法或許很單純，我喜歡，它帶我快樂；所以，我希望我身邊的人能和我一樣喜歡，並且也帶給他們快樂。

《生命金句》真正的敵人從來不會是別人，而是自己。

車禍？？？」然後，我居然都事先預見了，還是敢走這條路，這麼鐵齒也很少見。

呀！還有，老師說：「你四十五歲後所做的事，會和之前的人生道路完全不一樣……。」我在想，我現在不能久坐、不能久站，當然不可能再去教舞。還是……，我會去天國當天使？這也算是一條完全不同的道路吧！

病是眾生的良藥

2019 2 / 7

世人都認為生病是最痛苦的事，而有德行之人卻言：「病是眾生的良藥。」

觀諸多罹癌後輩還困在痛苦中無法放下，我想祝福他們，別害怕，沒有那麼糟啦！

其實，癌症讓我們學到的真得比失去的多很多。

把精油融入生活

2019 2 / 8

我真得很誇張，很久沒照鏡子（超過一年），才發現家裡連面鏡子都沒有。只好用手機的自拍功能仔細看看自己現在到底長成什麼樣了。

眉心紋和法令紋有點嚴重，然後我的蠟筆小新眉，一年半都沒修過。

要來做事業了，還是要把自己收拾下，這樣子有點說不過去……。

從今天開始，每天要複習十支精油，啃書中，一共要啃四十天說。

今天的功課，亞馬遜依蘭依蘭、歐白芷、大茴香、羅勒、佛手柑、聖經甜沒藥、黑胡椒、黑雲杉、藍絲柏、藍艾菊。還沒啃完，晚上繼續努力。

全方位用精油融入生活當中，今天複習的歐白芷、大茴香是抗腫瘤精油。說不定癌症就在我埋入精油生活後就消失了。

奇怪，我的黑雲杉怎麼找不到？？？我要來卜卦說。黑雲杉能加強與神明的溝通能力。

《生命金句》將別人的好學起來，然後改進不足之處。

宜璇的胡思隨筆 ——————

真正的敵人是自己

競爭？有競爭才有進步呀！我的腦袋結構似乎和別人不太一樣，為什麼別人所擔心的事，從來不會是我擔心的事？

首先，真正的敵人從來不會是別人而是自己，將別人的好學起來，然後改進不足之處。

其次，對於消費者來說有多重的選擇性不是更好嗎？這樣的社會才會一直往前進步呀！

癌症不也是這樣，癌症就是自己的細胞突變所造成的。如果是外來的，我們很輕易可以殺死他，但他就不是呀！他就是我們體內自己產生的，你用最厲害的化學武器殺他，不就是在自殺嗎？

像我全身血液和器官都是癌細胞，但也沒死呀！我曾經想過，我再繼續活下去，可能會變成另一物種也說不定。

往「大」去做，資源才會多 2019 2 / 9

看書看到睡著，體力還是不行，創業生活需不斷做微調，必需在身心靈全方位得到呵護的情況下做創業，真是不簡單的挑戰。

和自己說：「沈宜璇，你一定能做到。」

創業對我來說本來是一種無奈，別的癌末病人都在幹嘛？大多數在養病吧！但我沒辦法，沒有任何支援的我，為了生存只能創業。但我不要覺得自己無奈，這樣做不好事，我要和自己說，我很幸運，上帝選擇我注定成為不平凡的人。

不能改變現狀，但能改變心境。我要設定更遠大的夢想，才不枉我在這麼疼痛的癌末生活中奮鬥，縱然邊哭邊工作，也一定堅持做好。

就說了，我的腦袋和一般人想的不一樣。我的身體狀況，要做事，只能往「大」去做，資源才會多，才能越做越輕鬆。這個社會，是個錦上添花的多，雪中送碳的少的社會，做「小」既累又做不好，只有往「大」去做，做「賺錢」了，才會有發展，有出路。

孫子兵法說：「用兵之法，全勝為上。」

宜璇的健康筆記

癌末的定義

嗯！嗯！剛看到好友的 FB 文章，才想到，我都忘了紀錄我還有血癌，那就現在來紀錄一下。太多種癌了，多到都忘了，記不住。

066   《生命金句》罹癌，不要覺得自己無奈，這樣做不好事。

十年十癌，上次還有人和我說：「癌末就是快要死了才叫做癌末。」害我只能很尷尬的看了他一眼。

最近身體的症狀就是——輕輕一碰就皮下出血，一躺下來血就從口、鼻流出，是內臟出血嗎？像剛用膝蓋爬上床就立刻出現的紫斑。

這是血癌造成的狀況，又稱「白血病」，我的骨髓轉移是在二〇一二年就查出了，可以活到現在才出現症狀，很怪吧！

宜璇的胡思隨筆 ——————

精油事業組織管理

今天工作的重頭戲－精油事業的組織管理。

【理念】我們生活在一個不是只為了錢而工作的時代，除了金錢，我們也想要得到精神上的滿足，想要體現自己的價值。

【求才】歡迎斜槓青年、家庭婦女，只要你對精油感興趣，想要增加收入、提升自我價值，就和我們一起勇敢追隨自己的心靈和直覺，期待你的加入。（演練一下，還沒開放啦！！！不過有興趣是可以先偷跑、先連絡我、先卡位）

【目標】第二專長培力，自媒體、自品牌經營，人人都是 IP 專家，讓每個人都能在工作中獲得屬於自己成功的感覺。

《生命金句》在說實話和賺錢之間，我當然選擇說實話，才能治療我自己。

　　想和 Vidya 老師學如何算八字，但我還要先和語姍的老師學克里昂能量治療；還有靈氣二階也還沒上……。要學的東西好多，時間不夠用，學不完啦！哭哭～～～

　　我決定要和中國神話中的長壽仙人彭祖一樣活八百歲，才能完成我對這個世界的好奇心。反正對我來說，活一年和活十年和活八百年都是一樣不可能的任務，那就乾脆立志活久一點。或許到時癌症的祕密也解開了，可以順便治好我的癌症，一舉數得。

……宜璇的健康筆記

精油的能量

我已經活到有醫生要用我的病歷來出書了；除了我會注重飲食、運動和睡眠外，我唯一和別人不一樣的是「精油」。

我知道好友更想知道如何「美容」，但我想先整理如何用精油「抗癌」，所以美容的好友請等我一下。今日功課，整理抗癌精油＋精油分享包（要在台北花博義賣要用的）。

呀！先和大家分享我頸部之前皮膚病變的狀況，完全好了。十五天把一年的問題直接改善，而且沒留下任何疤。

（為什麼精油這麼好用，之前不用？我車禍後大小便失禁，右手、右腳行動不變。大家別忘了，一個月前我還無法自己排便、洗頭、洗澡、梳

　　　　《生命金句》想我應該要把「癌」這件事淡忘，不要被醫生誤導。

頭……，我做不到呀！）

精油的好處，不是只改善實質的身體狀態，還有，它有很好的能量……。

這是為何一般營養品我很少碰的原因，營養品只有營養但沒有任何能量，還不如吃農夫種出來有能量的食物。

選擇說實話　　　　　　　　　　　　　　　　　　　2019 2 / 11

我不是早說了，要全然的「放下」嗎？在說實話和賺錢之間，我當然選擇說實話，因為我每天都在處理自己身上的病痛，對於如何治療我自己，只有我自己最清楚。

1. 台灣是個很奇葩的國家，只准西醫用化療醫死人，其他任何療法，都不准死人，也不能賺錢。

2. 觀原始點療法，強調醫療，就不能收費，似乎也就沒有被罰；再看許達夫醫師的雞尾酒抗癌療法，因「查到許達夫醫師賣電解水」從原來的不懲戒變成開罰。

3. 我出來創業，本來就是桃園市政府叫我這樣做的呀！你叫我做我就做呀！我就誠信「創業」給政府看，同時也想看看政府要如何回應我。

剛去電至政府相關部門，才發現，其實食品在網絡上的各項管制更嚴格，一般民眾都會經常不小心觸法。

食品方面：比如說，我之前不是在 FB 分享我吃了燕窩就不會便祕嗎？

答：就算使用者沒有販售商品，只要有打燕窩品牌上去，就算違法「便祕、過敏體質、過敏性皮膚病、失眠、消腫止痛、增強抵抗力、口臭、瘦身、塑身、增強體力……」以上所有常見的問題，只要和「吃」、「食品」有關只要有打上品牌或廠商「對於產品見證人或民眾留言的內容，業者亦應負擔管

理之責」。

　藥品方面：分享抗癌資訊，用藥狀況，只要不販售，沒問題，可以討論分享不違法，化妝品同藥品。

　呀！原來，如果我和大家分享我今天去麥當勞吃炸雞，吃瘦了，那就違法；如果我說越吃越胖就不違法，因為瘦身不可以用在食品上。

　上午和政府部門溝通後，有了答案。就分二個部分經營：

　抗癌、整合醫學、芳香療法會在我的「被宣告死亡後的重生中去寫」，除了藥品之外，不做任何品牌露出、不做販售、也不做產品連結。

　精油的部分，就依化粧品規定來經營、來撰寫。不然還有一個方法，就放上淘寶賣，剛管理單位說了，雖然這不表示這樣就做就合法，但台灣管不到大陸的網站，無法開罰。

　之前和農會理事長說：餵雞吃精油，可以取代抗生素。我們台灣的農會在查閱國外資料後，可是很認真要來推動說……。

　二〇一七年，美國食品藥品監督管理局已經有使用牛至、肉桂、奧勒岡和麝香草……精油來取代抗生素。

　用精油取代抗生素，這對於台灣的農會和民眾都是好事呀！這意思是台灣的衛生局和行政院農委會要打算不同步囉！我不管了，做都做了，就做吧！我不相信衛生局會因此而開罰行政院……。

　本小姐，就打算在農會開設精油課及推行證照，為什麼對的事要被錯誤的法規綁死？？？？？

　哈……。

　　　《生命金句》要和自己說，我很幸運，上帝選擇我注定成為不平凡的人。

　　佛陀說了：你們必須觀察我的教言。當相應於大環境的利益時你們就該遵守，覺得並非正確就不應該遵守。「若說非法，應當遮止」，我們唯一該做的是將真相公開於世。

　　1. 做一件事前，先想想是否符合大多數人的利益。

　　2. 我們唯一該做的就是將真相公開於世。

　　給小胡子師父整脊回來，再繼續出門走走，陽光正好。

　　小貓貓跳到我腿上坐了好一陣子，很驚訝，因為貓對氣味很敏感，癌末的人通常會很臭很臭，從體內會發出一種腐屍的味道（惡性腫瘤）⋯⋯，那表示，我目前應該還好，體內腐爛的程度不嚴重，貓才敢接近我。

┌───┐
宜璇的健康筆記

增強免疫力

延續昨天用精油取代抗生素的話題⋯⋯幾年後的台灣⋯⋯

台灣的雞食用精油來抗病毒增強免疫力；而台灣的人繼續過著到醫院施打抗生素的生活。

洗腎全球第一的名聲就是這樣養成的。
└───┘

導致惡性循環的原因

剛才父親說，奶奶過世了。印象中的奶奶是一個身體還算很健康的人，也很愛到處玩，她可以一個人去日本、一個人去美國、一個人去瑞士，這麼個全世界趴趴走的老人家在台灣真不多見，我一直認為這麼有生命力的奶奶會活過一百歲。

就在一次跌倒後，她的活動力變差了，躺在床上時間變多了；沒多久就發生了第二次跌倒。

跌倒→不能動→肌力變差→更容易跌倒→走路困難→身體更差＝惡性循環。

之後我也發生了車禍，完全能體會這種惡性循環是怎麼回事。我一直問醫生，車禍前我也是癌末，但和現在完全不一樣。我想我應該要把「癌」這件事淡忘，不要被醫生誤導。專注在骨質疏鬆的問題上。

耳邊似乎聽見奶奶叫我小璇，她的失智症沒了，她知道她該去的方向。拜拜，奶奶，願你在天國平安、幸福。

> **今日備註**
> 去超市買鮮奶、綠茶粉，回來途中，被花迷惑了。

《生命金句》乾脆立志活久一點，或許到時癌症的秘密也解開了。

忌口是身體強健的根本

現在要出門,看看北投有沒有可以幫我裝牙齒的醫生,我缺了一顆門牙,雖然還是很不知恥的到處和人聊天,但……真心很醜。

還有指甲,非常軟,骨質疏鬆嚴重。昨天研究了一天,有什麼精油和精油營養補充劑可以增加骨密度,要來試試看,只是要託人從香港帶,台灣啥都沒。如果有效,我看很多年長的婦女都會需要,等我有所改善再和大家說。

身體發炎反應嚴重,牙床發炎、身體發炎、昏睡……,現在出門還行,要來恢復生酮飲食,把發炎反應降至最低。

今天第二次來知名餐飲店,覺得它的東西真不錯,吃沒幾口眼睛又亮了,能量很足,今天四物烏骨雞湯。想要身體好,忌口是最基本要做的。很想點麻油麵線,忍住……

珍惜

　　只有經歷過，才會知道珍惜，才會知道得來不易。每個人的命運不同，沒什麼好比較的。演講時，經常有人問我，為什麼你可以這麼堅強、獨立？

　　我會說：「如果可以選擇，我也希望有人能提供我遮風避雨的地方，我也想發發脾氣、撒撒嬌。但我沒有，我要獨自面對在醫院沒有人拿錢來贖我出院的窘境。」

　　所以，在家人生病時，發點脾氣，你就稍微讓一下，是的，你會很委曲，但也代表你們家人間的愛還在。長年照顧生病家人的紀麗森來看我時，她說的很好，「我想通了，我有能力去照顧人，總比躺在病床上給人照顧的好。」

　　施比受有福……

　　搬到新北投後，我連最後會讓我忍不住抱怨的事都沒有了（前室友）……，生活很平靜……我會想……會不會太過平靜……

　　每天就是推著散步車和小花、蝴蝶、大樹對話，再不然就是泡泡溫泉、玩玩精油。我發現我只要帶著我的「悅幸福」出門時就會發生好事，缺的門牙醫生說可做牙套了(醫生敲敲我的牙齒說：「很好，沒搖了。」)；工作的事，也很順利，我想做的都有所進展。接下來的願望：

　　1. 改善我的骨質疏鬆症。

　　2. 改善我的紫斑。

　　3. 有體力趕快把網站的資料整理好。

精油 VS. 骨質疏鬆

剛有好友問我，精油可以改善骨質疏鬆嗎？

當然不行，骨相關的疾病，骨折、骨關節炎、骨質疏鬆⋯⋯一定是要尋求專業醫護人員的協助。

但我的狀況和一般人不同，我詢求過西醫，只是被西醫完全放棄，和我說我一定會癱瘓，所以，我是死馬當活馬醫。

當你和我一樣被西醫放棄治療時，那就不同了。只要能活著，並且活得開心，就什麼都是對的。多年前西醫說我只有三個月生命後，我也好歹活到現在。（我的身體被醫生判死，但我的靈魂還活著。）哈哈⋯⋯

身體不行，我們還有靈魂，我的靈魂需要精油來趕走醫生傳達給我的負能量。

在國外的研究中，精油對乳癌的幫助是大的，尤其是乳香精油。

植物有天然的荷爾蒙，可以平衡雌激素和黃體酮，所以理論上是可以改善骨質疏鬆，但相關研究還在進行。

台北花博義賣

　　我也有過情人節喔！昨天去象山捷運站 google 到了很多美食……但……全部沒位子……。才想到是情人節……，喔！大家都跑去高檔餐廳用餐了，當然沒位子。於是……回到北投市場吃肉圓，果然空蕩蕩，得到老闆最熱忱的服務。哈哈……

　　今天去台北花博三天的義賣活動，總之我只能去捷運能到的地方，有站務人員會協助，要轉公車的話就去不了啦！（身體障礙）

　　過馬路也不行，會忍不住尖叫。（心理障礙）

　　醬子知道，和我約碰面只能約在捷運有無障礙電梯的出口，還不能過馬路的地方。

　　昨天我又站在路口叫，旁邊一個人走過來和我說：「你推這個車，人家會讓你啦！你不要這麼害怕。」

> **今日備註**
> 我的義賣攤位，明天繼續努力，有點累一片空白，都不知道自己是怎麼回家的。
> 下一句……好友應該知道我要說什麼 ....，晚安。

花博義賣第二天

　　顧攤生活第二天，有把頭髮修整了一下，五點起床用刮痧板疏理頭部到頸部之後……有沒有比較像活人，哈哈。

　　《生命金句》當家人生病發點脾氣時，你就稍微讓一下，代表家人間的愛還在。

掛了，義賣第三天缺席……

　　昨天傍晚從義賣會場回家，累到不行，助行車中裝滿貨品，上了捷運後，很久沒人讓座，最後……一位阿姨……問我，你是為了太重裝東西？還是身體有不舒服？...

　　還挺開心的，我又快要恢復醫學上不知為什麼還活著，但外表看不出的狀態了。

　　曾經有醫生問我，你肝癌轉移這麼多年，為何眼白都沒有黃？我說：「之前有黃過，死掉後復活了就沒黃啦！你可以自己看病歷。」醫生：「………」

要相信奇蹟……

　　我居住的社區根本是個奇蹟社區，其中有二位管理員總是對我特別照顧，每次出門都會提醒我今天冷不冷（我車禍神經受損經常搞不清楚溫度）。其中一位被大卡車從後面撞上，被來回輾壓後逃逸，判賠二千多萬台幣，頭部嚴重創傷走遍台北各大醫院無醫生肯開刀卻奇蹟生還。另一位，也是從死亡中生還者……

　　每天在我出門時都會鼓勵我，要相信奇蹟，他們都是被醫生放棄卻奇蹟生還的人。

> **今日備註**
> 終於放了張書桌在房間裡，以後不用總是坐在床上工作了。努力中……

　　《生命金句》只要能活著，並且活得開心，就什麼都是對的。

連哭都辦不到的人生

　　和舊學員小聊了一下，等回過神來，滿嘴都是鹹鹹的淚水，生活對我來說……真得好難、好難……

　　想說不然就來好好來大哭一場，也沒辦法。哭很傷元氣，想哭也沒有這個體力哭……，無奈還是先滾回床上睡覺，等有了體力再來哭吧！

　　還有這種事說，連哭都辦不到的人生！

　　今天回顧了七年前（二○一二年）自己的一篇文章。

　　【反思】我也是選擇了一條圓夢的道路。在十年前台灣大多數人還以為肚皮舞就是在肚子上抽煙時，就從台灣飛到了一個陌生的國度「埃及」，當時也是為了怕家人反對，所以到中東國家長住、從中央研究院離職這種大事，根本就沒有和家人說的。當時心想，反正說了，就去不了，那還不如先去了再說。看來，當我的家人，心臟要很堅強。以後我女兒也這麼有自己主見時，我也就放手讓她去做了。

癌末創業，我是全台首位？

　　我在 Google 上搜尋，癌末＋日記，全部出現的都是與「抗癌」有關，難不成我是全台首位「癌末創業」的病人嗎？

　　好友們如果有知道「雷同」者，國內外皆可，麻煩請介紹我認識一下，大家互相觀摩學習下，感恩。（我指的是已經被醫院放棄治療，進入安寧照護階段的「癌末」病人喔！）

　　《生命金句》車禍，撞掉了我一樣東西：對愛情的需求、對安全感的需求。

宜璇的胡思隨筆 ————

投資自己

一早起床就花錢，報名了一堂自己覺得非常有意思的課程。已完成線上
繳費，這堂課叫做「一對一職涯諮詢」。

內容是：「進行一對一晤談，透過「『探索』、『釐清』、『定向』、
『行動』一系列的過程，找出您獨特的價值與發展性，追尋方向和夢想、
達成人生目標！

我的職涯困擾描述：「我原本是一名肚皮舞老師，九種癌症在身，抗癌
十年。不料於二〇一七年十二月發生一場死亡車禍，肇事者雖沒逃逸但
拒付所有醫療費，至今仍在官司中賠償款遙遙無期。

目前做居家安寧照護，有領取重大傷病卡、中度殘障手冊，但卻無法得
到任何一筆政府補助款，在桃園市政府社會局人員來家裡訪視過後，告
知我只有「身障創業補助」可以領取，不然就是由醫院通報把我送到安
養中心等死。」

我猜想，這個單位會接我的案子？還是會退費給我？接了我的案子後，
又能給我什麼好的建議。

一大早亂花錢的早晨，二千四百元台幣，擺攤二天下來義賣所得的三分
之一就這樣被我花掉了。（都快死了，還是把投資自己放在
第一位，有種。）

另類療法

看新聞報導，推廣另類療法的謝旺穎醫師，四十五歲英年早逝。也因此有人質疑他所推廣的另類療法。

但，這與「生酮飲食」、「咖啡灌腸」沒關係吧！重點在都已經確診是「肝膿瘍」了，為何不做引流和抗生素呢？抗生素的發明在西元一九二八年，是可有效殺死細菌，又不是濫用，該用西藥時，還是要用呀！

過猶不及，養生歸養生，但事有輕重緩急，急症還是西藥效果快。如果發燒都發到四十度了，就應該就醫先退燒。

補充：許醫生對灌腸的提醒，很重要。看完後，覺得剛做完化療者，應該更要注意——是否等腸道恢復後再做，比較不會感染。我知道化療時連生食都不宜吃，更何況做灌腸。

喝可樂可以排便？

2019 2 / 21

知名連鎖超商的新產品，喝可樂可以排便？？？抱著試試看的心理，還真得可以耶！早上跑了三趟廁所……

但喝可樂對健康不好……，胃癌和骨癌都不宜，就喝這一次吧！

記得好像是二十三元，我喝了不到一半……，十一元就很有效，便宜又好喝，只可惜是可樂……

　　《生命金句》生命不在於長短，在乎精不精彩，正是我此時此刻在追求的事。

想要一個強大的擁抱

太早起床，來聽聽音樂，翻出二〇一七年的歌曲，還是好好聽喔！我也想要一個強大的擁抱，不讓我傷心。

工作已有大方向，接著……就是「執行」，這是個耗費體力腦力的大工程，沒時間閒聊，埋首工作中……

這對我來說，真要靠無比的信念和意志力才能完成啦！

····宜璇的健康筆記····

過猶不及

今天有其他多個品牌精油被報導含「黃樟素」，研究中此成分會引發口腔癌，生薑中也含有此成分，食材，要交替吃，過猶不及。我最常舉例「喝水」這件事，喝水很好，但喝過多的水也是會引起水中毒，並且在中醫的角度，並非每個人的體質都適合經常服用生薑。

鼓勵抗癌病患

今天應該一早六點半去農田水利會，但窗外下著雨……

我沒辦法推著助行器打傘，下雨天只能看著窗外餓肚子啦！等中午再坐小黃外出覓食吧！

我的創業才剛起步，生病的人花費會比一般人多出很多。加油，我的自力更生之路……

下午，去了101附近的一間診所，巧遇從廣東來做胰臟癌免疫治療的夫婦。醫生讓我去鼓勵這對夫妻，臨時上陣沒準備，分享的不是很好。

我應該要把思路再順一順，臨時被抓去鼓勵正在做各種抗癌治療病患的機會，越來越多……

二十劑索費一百二十萬元，早晚各一次，從瑞士來的針劑還真貴……

回程時，我有點自責，聆聽比我自己滔滔不絕更重要，太久沒碰心理諮商的書，都忘了……，Sorry，我應該能做的更好。

今日備註

病患的太太把我拉到一邊，和我說：他先生說不在乎、不怕死，其實完全不是這樣。
我點點頭，心想，遠從廣東來到台灣，十天光醫療就要花掉一百二十萬台幣，當然是「很在意」。真得不在意，就會像我一樣，和醫生耍賴，治不治都無所謂。
1 名片要印新的，這些可都是「貴」客，重出江湖創業，人脈很重要。
2 把思緒重新整理下，對病患的說詞、對病人家屬的說詞。
3 「聆聽」勝於滔滔不絕。

《生命金句》身體似乎有一個密碼，只要解開這個密碼，就可以蛻變成功。

精油複方專利

檢驗出 D 牌保衛複方精油含黃樟素的某科大之易 XX 先生，原來……以他的拼音名 YKH 做了一個精油品牌，好妙的品牌宣傳手法——先打壓其他品牌的精油含黃樟素，接下來應該就是要來宣傳自己的品牌的精油了吧！等著看後續……。

仔細點進去，我眼睛差點掉下來，「具抗自由基專利複方精油」一瓶精油要賣三萬六千元（36800／10ml），是日幣？還是韓幣？該不會是新台幣吧！

原來還可以這樣，那我也要來申請精油複方專利，與癌共存精油，經沈宜璇親身實驗，可保十年不死。等我活到八百歲，再來申請一隻不死精油。哇塞！用想的我就賺翻了。就說了精油市場很大吧！卻沒想到這麼有「創意」。

有人陪聊的行業

在經歷過，疼痛到只能不斷哀號，求上帝讓我快點死去……；如果胰臟癌比我經歷的還要痛……。我不敢說，一直求生，對病患是好事……，一早起床，心情好不起來。

但要問我，我是怎麼從嗎啡貼片和靜脈注射嗎啡中解脫的，醫生和我自己都不知道答案是什麼？我只能說：「我太幸運了！」

有空會多去診所走動，誰叫幕後老板是我的偶像，我在北京工作時，租的辦公室全是他的建案，雖然我並不喜歡那一座座的長條盒子。

終於到家，連三天都在外面跑，我的脊椎和二側肋骨超痛……但氣很足，說話完全不喘……。先精油伺候，然後泡澡……

一閒下來，幾天呆在家沒人陪聊，就一付氣噓到快斷氣的感覺，有什麼行業，是可以每天有人陪聊呢？？？

人到無求品自高

有一點無語……，有人選擇去瑞士做安樂死，有人選擇繼續留在世上努力打拚。

搬來台北，是為了工作，為了交通方便，為了有較多的無障礙空間，為了能自立更生。

你不能丟下一句話：「給我地址，我這週上台北時順便去看你。」你順便，我不順便呀！

不幸，帶給我的歷練是豐厚的資產。讓我的身段放得更低、讓我的心更加柔軟、磨去我年輕時的嬌縱，能站在利他的角度去思考問題……

得，不一定是得；失，也未必是失，端看你怎麼去掌握！

這幾天，每天一至二場會議，在外跑來跑去，好像身體反而好多了。在幫

《生命金句》看問題要看事情的本質，而不是人為去賦予他的權利。

助自己的同時也能幫助身邊的人，累是累，但心情很安定，漸漸找回自己的信心和價值。

　　反正，病，要好，幾乎是不可能。但能活得開心有意義也很好呀！「生命不在於長短，在乎精不精彩」、「人到無求品自高」……正是我此時此刻在追求的事……

宜璇的胡思隨筆 ─────

市佔率

理想主義者，注定是孤獨的。不是沒人願意與你同行，而是現實很骨感。人都需要先求生存……

如果每個人都很自私，只想到自己，那麼再好的東西，市場也只會越做越小……

當市場開始萎縮，大家能分的粥也就越少，不用害怕競爭、害怕別人模仿……，越多人推動，需求量增加，餅越大，能分的粥也就越多……要做市佔率。

    有一件事很奇怪，車禍，撞掉了我一樣東西：對愛情的需求、對安全感的需求。

    現在的我，喜歡看到別人的愛情故事、滿心的祝福、也深受感動。但在我自己身心上一點都沒有這方面的想法。安全感也一樣，以往，深夜時分，還會感到孤單、會寂寞，現在也一點都沒有這種感覺。想想，挺奇怪的？？？

    食慾，這個月也開始漸漸沒了。有個問題，因為不覺得餓，所以不特地提醒自己會忘了吃飯（水還是會喝，會口渴）。但和之前不同的是，之前想吃，吃不下，體重會一直往下掉。但……，不覺得肚子餓而忘了吃飯，體重是不會掉的，現在體重基本上都保持在 52 公斤，算很正常的體重，不吃，體重也是 52。

    我好像，又快進入食氣階段……，我之前食氣二十多天，除了少量的水，什麼都沒吃，體重還重了三公斤，但每天要曬太陽。

    中午，去公園散步，順便吃了點東西，果真……像之前進入食氣階段的反應一樣……。食物看著不錯，吃進去卻覺得有一種噁心的感覺，用聞的反而覺得舒服，就感覺飽。

    怎麼辦？老師說等下要來帶我吃晚餐……，中午吃的東西還沒平緩，我不想吃說……。有一種餓，是別人覺得我餓……

好命

今天真的很開心和若貝嘉見面聊天,聽她說了她的治療過程,難怪我的「螯合治療」(chelation therapy)醫生會和我說:「你呀!命好,有神佛保佑,不知什麼是人間煉獄。」(第一次看診,是叫我報上生辰八字,其實我一直懷疑他有沒有在給我好好看診。)

我聽的一頭霧水,癌末,叫做「命好」?後來,沒看多久,醫生給我跑到北韓去了,氣的我狂 Call 他的 Line。結果他讓人帶給我一罐西藏密宗的紫雲膏,叫我自己擦擦就好,說我反正……死不了,看不看醫生都無所謂。

後來,我為了搞清楚這位醫生在玩什麼把戲,就真跑去西藏和四川色達待了一個月……(西藏遊記以前寫過,就不再寫了。)

總之,我手機微信有好多喇嘛朋友,不舒服時,他們會唸唸經給我聽,反正藏文我是聽不懂,但很好入睡。真的很好笑!癌末還可以去西藏,還玩的很快樂說,結交了很多朋友。而且我有走西藏阿里線……

車禍後,被醫生說會死亡,不然就是終身癱瘓,出院時差點被送入安養院……,結果我居然可以跑去爬了黃山,又去內蒙古騎馬。

我覺得,在瀕死後,會有一個短暫的「迴光返照」期,但只能維持二~三個月,身體又急速變差。身體似乎有一個密碼,只要解開這個密碼,就可以蛻變成功,只是,這個密碼到底是什麼呢?

《生命金句》「心為君主之官」,「心」的意志占了生命的 50%。

余醫師看了看指甲、按了按指腹，把了脈。問：你是不是深信你自己一定會活著。

我的腎氣和肺氣，已經十分微弱，低到不能再低。唯一，我的心非常堅強，比一般人來的強很多，光靠我的意志，就可以讓我活下去……「心為君主之官」，「心」的意志占了生命的 50%。

想想，真是如此，每次西醫說我撐不了多久，我都很不服氣，可能當場會哭一下，然後就會想，你憑什麼看不起我，我就要活給你看。每次真得都這麼想，然後大搖大擺去回診，故意問：「醫生，我怎麼還沒死，到底還要活多久」。哈哈……實在很幼稚……

或許，癌痛的問題，也是如此，每次痛起來，我會安慰自己，「別擔心，你可以的，你一定會有辦法。」久了，就真覺得沒那麼痛了。

今日備註

我的第六感有多準，昨天才買好一箱寧夏杞子紅，今天就被告知腎氣嚴重缺乏，不能再吃雞肉，苟杞剛好可補腎。太神準，既然如此睡前再來喝一包好了。

······宜璇的健康筆記

與止痛藥抗衡

我也是嗎啡＋強效止痛藥吃下去，就隨時準備會昏倒，一直吐，吐到沒

東西後還是一直乾嘔吐黃黃的水，更可怕的是劑量要越用越大。

從起床到睡覺就什麼事都無法做，只能一直不斷與止痛藥抗衡，活著……，卻什麼事都不能做，我真不知這樣活著有什麼意思？

有一天，我就想說，反正都是死，不是痛死就是吐死，我不吃了。熬了一週的超痛生活，有一天就不那麼痛了……，為什麼？我不知，醫生也不知，嗎啡藥是管制藥物，我有沒有拿藥，醫生是清楚的。

但我每次要和其他病友分享，醫生就會立刻說：「她是非常特例的特例，你們要相信有奇蹟，但我不建議你們停藥。」

我想過，到底我是不是「特例」，其實很難證明，因為不知有沒有人和我一樣「反骨」，有膽停藥，我只聽從自己內心和身體的聲音，至於「權威」的話，做參考就好。生命是自己的，你要交給醫生，不是不行，但每個人都必須為自己的行為負責，不管你交給誰……

你痛，醫生不能幫你痛；你吐，醫生也不能幫你吐。看問題要看事情的本質，而不是人為去賦予他的權利。

有病友問我，不是說「生病了要交給醫生嗎？」我都有配合醫生，卻為什麼是這種下場？生命是自己的，叫醫生為你的生命負責在本質上就是邏輯不通。

就像很多女人嫁了老公，生活不幸福就怪東怪西，怪男人欺騙你，沒給你幸福。

其實，這也是你自己選的呀！你可以不嫁呀！要嫁也是你願意的。幸福，也只能自己給自己。

生命第四章　〈三月〉

我要繼續當個和
命運對抗的聖鬥士

—

—

醫生摸摸我的頭：「小妹，加油！
你讓我們很佩服，有什麼需要就說。」
看向窗外，太陽公公出來啦！曬太陽♡出發，GoGoGo！
哈哈……，我找到了我的槓桿，以後可以在這裡鍛練一下。

做自己喜歡的事，轉移病痛

————

創業，我是認真的

連續幾天的外出，早上起床還是覺得很疲倦。今天，就乖乖待在家，好好大休息。

之前去看中醫，大多都是給我調脾胃的科學中藥粉，昨天才知道原來最差的是腎。這樣就能說的通了，為何我會突然斷電，完全動不了。迷團解開了，這二天來重新調整飲食方向。

一早起床，就看到我的自然醫學醫師娘，拉了一個群組，開了一門課「三十天養成成功習慣」。好吧！等一下八點一到就來聽課，因為我是好學生。

我和我認識的醫生說了，我想自立更生的想法。許醫生二話不說匯款三萬、林醫師也提供我精油和營養品、其他醫生也都沒和我收任何的治療費也包了不少的紅包給我。雖然他們初次聽我想創業都忍不住笑了出來，以為我在開玩笑，但我沒有開玩笑，我是認真的。

《生命金句》再好的食物，也不需要一直吃，停一停再吃，吸收會更好。

宜璇的胡思隨筆 ───────

一定要成為創業成功楷模

以我的身體狀況，連社會局的家訪員都說，本來應該是政府要來保障我
們的最低生活需求。但沒辦法，台灣的社會福利就這樣，他們無能為力。
反正我牛脾氣被激發了，創業就創業，我就做給你社會局
看，記得要頒發我創業成功楷模獎。

宜璇的健康筆記

食物就是藥物

運動完後，要來去覓食，食物就是我的藥物，所以不能讓自己進入「食
氣階段」註1，要來努力吃。

陰虛內熱＋補腎氣的食物：燕窩、苟杞、銀耳、四神湯……今天只找到
這些東西可以吃，先這樣吧！已經很飽啦！吃飽後再回公園午睡曬督
脈。（其實也想曬曬任脈，但臉不想曬太黑，要蓋條白布……我擔心，
打掃公園的阿姨會叫殯葬業。）

※ 註：出自希爾頓‧赫特瑪的《人本食氣》一書，他相信，人體如果淨化到一定的程度，
是可以只靠空氣、陽光或宇宙能量維生的。

停掉滴雞精

早上九點四十分了，還躺在床上，沒力。在想要來吃什麼？有知名餐飲店可以吃牛排補血，但週六恐怕是沒位子說。晚點說吧！先繼續睡。

昨天依陰虛內熱體質調整飲食後，今天的排便超順。但因余中醫一再強調我不能吃發物，尤其是雞，我把滴雞精停掉後，體力完全支撐不了。雖然寧夏杞子紅可短暫讓我在一～二小時有體力，但真的只是短暫。

寧夏杞子紅是補腎氣的食物，我還是會持續飲用。不知還有什麼食物可以取代滴雞精能讓我有體力？魚湯嗎？排骨湯嗎？等十點那間知名餐廳開門來去喝湯。

現在整個人癱在床上，沒力氣動。為什麼不能吃雞？？？沒力氣呀！

這一個月來，以為自己體力不錯，可以撐到晚上八點睡覺。原來都是滴雞精的功勞，剛想去吃鰻魚補腎，連三百公尺都走不到，居然還是叫了小黃，自己都有點無奈。

等下回去時想去頂好買個杏仁芝麻粉當早餐，不然又沒體力出門就糟了。超市就在我吃飯的大戶屋對面，應該走的到吧！

宜璇的健康筆記

白肉與紅肉

我不是中醫專業，只是轉述醫生說：不宜吃雞肉。這在西方營養學中是不成立的，因為肉就是蛋白質，白肉是蛋白質、紅肉也是蛋白質，和肉是什麼顏色無關。（我只有國家高級營養師證照，不是中醫，我也不明

《生命金句》成功的人找方法，失敗的人找藉口，要對自己充滿信心。

白，無法回答。）
但我是想暫時拿掉雞肉也好，因為，真得雞肉吃太多了，停吃一週也沒啥不好。再好的食物，也不需要一直吃，停一停再吃，吸收會更好。

宜璇的胡思隨筆 ————

室友變創業夥伴，一起加入精油事業

在這麼疲倦的狀態，還是幫助了我的精油夥伴完成了三張滿額獎勵的入會單，這位夥伴就是我那室友。人可以有夢想，但眼前的肚子還是要顧。有意思的是他為了把事業做好，要和人分享，他已經用完了兩罐檸檬精油和薰衣草精油，他真得在性格上改變了許多。在他加入的第二個月就已經能領到公司的獎金，雖然只有幾千塊，但也會很開心呀！我總覺得他的心靈有很多需要被修復的地方，想讓他每天滴一滴乳香在舌下，希望能進一步幫他修復自己的心靈。

其實我自己也改變了，之前他一提要做幾十億元的生意，我就火冒三丈，很難有好話對待他。自從他變成我下線後，站在職業立場，必須教他使用精油，鼓勵他把事業做好，話題都在如何經營上，反而關係好多了。

《生命金句》記得明天太陽升起又會是 New day，這也算是一項絕技吧！

室友的獎金

今天右側肋骨好痛，熱敷中。但幸好體力還行，勉強可以坐著使用電腦一下、回床上躺一下。我們當女人容易嗎？

剛和上線確認，室友的獎金不是幾千元而已，是有破萬元，但他二月十八日才入會，難不成他適合做這行？？？

真沒想到，原來要靠做精油直銷，當他的上線，才有機會享受被老公養，好吧！明白了，我會好好帶著你一起賺錢。

為了鼓勵他，還幫他規畫了一條取得國外精油化學的博士學位。和他說：「這種人才很稀缺，你好好研究，會成為這一行的專家，到時候你還要到全世界去演講。」還好，我們本來就都是高學歷，要申請國外的學校不難。

創業行銷

依我個人的理解，創業和行銷一樣，重點在於：

1 解決客戶問題。

2 設定市場區隔。

所以，第一件事是幫我的合作夥伴「把路鋪好」，這個大概是其他單位難以做到，但對我來說卻很簡單的事吧！

今天有和我去診所聽課的好友，就能知道為什麼我會想把精油推行到每個家庭，我深信能幫助很多的人，很多的家庭。今天何醫師所說的整合醫學，在美國「並不是做為現代西醫的輔助醫學，而是『取代』。」真的是太同意了。因為當在你吞下大量化學西藥來「抑制」病症時，請三思。

我和自己說，我一定要撐到把「NA 中華香氛精油協會」工作做到一個能交接出去的段落。我好痛，活的好累、好辛苦……真的好累，做完這件事，上帝可以讓我「走」了吧！我嚮往去到一個可以自由行動、可以沒有疼痛的

《生命金句》用演講分享我的生命故事，也是一種人脈的良性互動。

地方。

　呀！抗癌也是，每天在解決「問題」，等下要出門，想去吃點新北投以外的美食。

　其實是因為我自己行動困難，我只能從事類似「網絡經紀人」的角色，苦笑中！但沒關係。我會用心把我的理想和信念做好。成功的人找方法，失敗的人找藉口，我對自己充滿信心。

　在詢問過中醫＋西醫的何醫生後，決定繼續喝我的滴雞精。進一步了解我是陰虛＋陽虛體質，辣的、肉類、酸的、甜的都要吃，總之，就是要來努力吃就對了。腎氣已經虛弱到不能再弱啦！

　今天走路都很困難，全身骨頭都在痛，又酸又痛，救人呀！

今日備註
請好友原諒我實在沒有辦法每天都能表現「很樂觀」，尤其是在疼痛的時候。今天的我虛弱又沒用，反正我哭著哭著就會睡著了，明天太陽升起又會是 NEW DAY，這也算是一項絕技吧！

宜璇的胡思隨筆 ─────

成人教育

之前去文化大學推廣部談開設精油課時，有同學問我：「老師，你不要放棄肚皮舞，縱然你不能跳，但你有你的知名度，從你最熟悉的領域比較容易賺到錢。」

《生命金句》英雄不論出生，有本事肯腳踏實地做事，才有可能成功。

我用力睜著眼睛，但眼淚還是立刻落下。我沒辦法，我沒辦法看著別人跳舞而不感傷。我做不到。

幸好，「成人教育」一直是我的特長，我從大二就開始教授茶道、教電腦……等等，直到後來教肚皮舞、到大陸做幼教。從教學教案、招生、線上線下行銷、業務洽談、新聞公關等，全部可以一手完成。

只要你和我一樣喜愛精油，跟著我由淺入深把精油教學知識學好，其他的問題都不是問題，我會安排，畢竟這是我做了二十多年的工作。希望今天有體力能完成預定的工作，明天，就可以開始實施下一步計畫。

身體 DNA 修復

2019 3 / 5

果真，我又起床了，我很想寫伴著一縷陽光，從睡夢中清醒，感覺很詩情畫意。只可惜我都太早起，太陽公公還未上班。

上午和我通過電話的好友們，都說：「妳聲音聽起來很有力呀！」是的，昨天從診所出來，立刻點了一碗雞湯，八點上床睡覺。

我要是只吃草，沒油（雞湯會有很多雞油），就是整個沒力＋虛弱。昨天何醫師也說了，簡單判斷體質的方法，若是在冬天的晚上，腳會冰冰的，就要以肉食為主（冷底）；相反，任何時候腳都熱熱的，少吃肉。但不是吃了肉就要少吃菜喔！蔬菜是任何時候都要吃的。

雖然痛，但今天體力還行，只是週一何醫師（美國執業醫師）說：「癌症病人，要在九點睡覺，身體會自動做 DNA 修復。」

當然，修復的條件是在一日三餐的飲食中要有好的油脂和蛋白質，營養補充品也要選擇脂溶性的才能被吸收。

　　　　《生命金句》我的決策法就是列出利與弊，只要利多於弊就來做。

意思就是，就算不累，我也要上床準備睡覺啦！晚安，好友，希望明天能比較不痛。

今日備註
我的每一隻指甲，再剪短，都是軟到一碰就裂開，紀錄一下。我好怕，我的脊椎也會這樣，挫著等……。

宜璇的胡思隨筆 ————

分享生命故事的效應

四月十一日，受邀至台北扶輪社東鴻社演講，很開心能和認識和不認識的人分享我的生命故事。開春就能接到這類的演講很好，代表很快會有第二場、第三場……，這是一種人脈的良性互動。

昨天的一篇國際 NAHA 精油證照的 PO 文，引發了一連串的效應，有演講邀約、分享邀約、開課邀約。我真的很缺老師，我自己教不完那麼多課啦！快來讓我培訓。

《生命金句》雖然能選擇的工作真的不多，但選定了就盡力去完成。

長壽之祕

我發現中國神話中的長壽仙人——彭祖的長壽祕訣：

1、導引術：「吹噓呼吸，吐故吶新，熊經鳥伸，為壽而已矣。此導引之士，養形之人，彭祖壽考者之所好也」。

2、吃：桂圓、靈芝、野雞湯。

3、夫妻和諧之道。

4、北緯三十度，是地球上的長壽帶。

有夢的人太多了

2019 3 / 6

　　學生問：老師你可以給我個人簡歷嗎？

　　回：你可以自己上網去 Google 嗎？

　　其實，我是有準備「簡」歷！但「詳」歷還是要自己去 Google，都可以寫成一本書啦！

　　一個文案寫整整二天，沒辦法，坐不久，工作進度超慢，但我已經不覺得沮喪，更不會抱怨，反而內心充滿感恩。我還活著，並且活的有理想。

　　現在等我把活動通告搞定就來上傳，請大家給予我支持，歡迎分享。馬上好，等我一下下。我就說，我的工作運太好，我這個文案還沒全部搞定，還有東西要和大家分享的還沒 PO，就已經有飯店公會理事長找來，說週五來談合作。

　　問題在於，這不是重點。重點是，我沒有授課老師。是，我可以教，然後

《生命金句》路上是會有各種聲音和阻礙，但根本無需理會。

呢？大概第一個月就身先士卒啦！我的老師在哪裡！救人呀！！！

之前說過，在 FB 上許願很靈，我要許下一個願望了。我想存錢訂製一個可以把背撐起來的東西。醫生說：「乳癌的骨轉移，不少都死於胸椎斷裂。」再這樣彎下去，應該會斷吧！

我的脊椎像我的指甲一樣軟 Q，走路越來越困難了，頸椎、胸椎因變形呼吸有困難，內臟也受到擠壓，手也很難動作。就說了，不能只看臉，臉會騙人啦！嚴重的是我的脊椎。我沒有辦法抬頭挺胸做人……

之前有一位想做自己精油品牌的年輕醫生找來，想要找投資人。我和醫師說，你在還沒有銷路之前要不要先用悠樂芳精油，冒然投資成功率很低。

結果他居然回我，做直銷很丟臉，我喝到嘴邊的水差點沒噴出來。我也想做巴菲特呀！但我有錢投資嗎？英雄不論出身，你現在根本就沒錢做自己的品牌，創業企畫書也拿不出來，誰要投資你？你想做的不是就想推動精油治療嗎？等賺到了錢，累積了足夠的個案，不就有資本又有知名度來投資自己創業了嗎？

為什麼總是想一步登天，夢想是要靠自己一步步累積的，你什麼都拿不出來給投資人，我無語。再說一次，英雄不論出生，有本事肯腳踏實地做事，才有可能成功。只做夢，有夢的人太多了。

關於我的【創業分享】，
可掃描以下 QRCODE 看更多資訊：

《生命金句》我感覺我有點明白了，用生命換來的叫做使命。

宜璇的胡思隨筆 ——————

生活是自己過的

越是艱難的處境，我們越要勇敢面對，只要自己肯努力，身邊的人都會幫助你；但如果你自己都放棄了，別人想幫忙也不知要從何幫起。

再說一下前月亮歌后珮菁姊帶給我的思考。對一個中度身障者而言，找工作真的很困難、很困難，並且，收入沒有六萬以上的工作根本支付不了必須的看護費、生活費、房租和醫藥費等，我們的必須花費就是比一般人要高出許多，但一般好手好腳的年輕人都不容易月入六萬，更何況是我們。

我一路看來，珮菁姊也很努力的換了各種代言和工作（畢竟她是有知名度的人），但幾乎都是血本無歸，這種創業是很可怕的，長期的止痛藥劑，絕對對我們的腦部傷害很大，廠商找來，也多是圖他的知名度和他需要用錢的不安全感，這時就很容易受騙。

1 要拿錢出來的投資絕對不做。

2 要先花錢囤貨的也不能做。

3 還要能月入六萬以上。

其實我們能選擇的工作真的不多，但選定了就盡力去完成。在創業的路上是會有各種聲音和阻礙，但根本無需理會，因為別人也不可能會養你，頂多是出一張嘴，然後呢？生活還是只能你自己過。

《生命金句》去幫助那些沒有像我們一樣幸運的人，就是我的使命。

出血這件事

2019 3 / 7

事情是這樣的，肚子餓想外出吃飯，走到一樓請管理員叫小黃叫不到，我胸部突然出血（不多，但還是稍稍血跡斑斑）。於是，大家叫我趕快上樓休息，中午警衛會幫我送餐，晚上游泳教練會幫我送餐……，感謝大家對我的照顧。

出血這件事，沒什麼，完全就和飲食有關。昨天晚上吃了水餃，就一定會出血＋癢。

觀察我的飲食，吃米飯只會癢，麵和麵包就會出血＋癢，如果蔬菜＋肉就不會有任何反應，水果和糖果、餅乾就全身骨頭酸痛。履試不爽。

> **今日備註**
> 連三天飲食中都有澱粉，就會大出血，流量在250CC以上；相反，連三天生酮飲食，身體就會很舒服完全不癢也不會出血。我認為出血和癢是身體發炎反應。

平衡

2019 3 / 8

我想說的是，工作、個人、家庭間的平衡，是一件很困難的事，罹癌的這十年，我都不敢去碰觸的事。在努力工作的期間，我是一個對自己與家庭都極其不負責任的人。

「我又不是在玩，賺錢還不是為了這個家。」仔細想想賺錢真是為了家庭嗎？丟幾個錢在家裡就是負責任了嗎？更多的不是為了滿足自己的工作成就感和虛榮心嗎？

說什麼冠冕堂皇的屁話，一個不能平衡這三者之間的人，根本是無能的表現，不在於你的工作多有成就，不在於你賺了多少錢。我不知道，十年後再次創業，我是否能戰勝自己？

《生命金句》越是艱難的處境，我們越要勇敢面對。

宜璇的胡思隨筆 ────────

我的使命

什麼是使命？

在死亡復活之後，最常聽的就是「你有未完成的使命！」我觀察了很久
這句話到底在說什麼？我感覺我有點明白了，用生命換來的叫做使命。

使命不是要大到去救國救民，但也不會只是為了自己，為了你的家庭、
為了你身邊的人，為了那些沒有和你一樣這麼幸運的人。

如何去幫助那些沒有像我們一樣幸運的人，就是我的使命。心裡有事，
真的沒辦法八點睡覺。創業，真的好可怕，腦袋停不下來。

我不要……我不要……我不要……但我連買樂透的錢都沒
有？？？

《生命金句》只要自己肯努力，身邊的人都會幫助你。

占卜

今天上了精油占卜課。

團隊課程

昨天的精油占卜課,大家都收穫滿滿,很多人下課後都傳 Line 給我,幫大家安排這麼好的課程,好玩又實用。

我希望我的團隊不只是銷售,還要有很強的專業性和學習力。就算以後不做精油了,所學的技能還能運用在其他地方。內訓課程會包含精油知識和行銷知識,真心為每個人的職業規畫和發展做考慮,這是我想要的。

下一個課程規畫,精油減重課程。

為了做好團隊課程,近一年半的時間都在直銷業學習、聽課,然後設計出自己想要的課程。

很搞工,但我有工作強迫症,不喜歡很制式的成功學,一直給自己打雞血;也不喜歡人家給我洗腦,用話術。

能打動人心的,永遠是自己最真誠的感受,回歸行銷的本質。管他是什麼「銷」,銷售就是銷售,一個舞蹈老師,舞跳得再好,不會行銷,還是沒人認識你。

今日備註

這算是一種能量嗎?

還在想精油和埃及的關係,然後埃及和中東的友人就開始一一連絡起來,在沒有做肚皮舞以後,明明就一年只會連絡一、二次打招呼而已。要飛去走走嗎?

《生命金句》能打動人心的,永遠是自己最真誠的感受。

宜璇的胡思隨筆 ————————

薄荷精油治酸痛？

林口蔡家的老伯伯，昨天拿走了二瓶薄荷精油，我覺得很奇怪他拿薄荷精油要幹嘛！

他說筋骨酸痛很好用？？？他和老婆各拿走一罐？？？我的專業知識骨痛首選冬青、肌肉痛首選馬鬱蘭。薄荷？？？這是哪一招（大概是當成德國百靈油吧）？而且，近九十歲的老人家，至少要與基礎油1：1調合後再使用，比較安全。

要趕過去林口想說教他怎麼使用，他說不用，他們用的很好，超有效。叫我下次帶個兩箱過去，說要送朋友。我看，真是當成德國百靈油啦！

還說孫子退伍要來和我賣精油，別鬧了，整片林口都你們蔡家的土地和建案。

《生命金句》雖然我的身體狀況，快不了，但沒關係，有志者事竟成。

合作

在我走訪許多企業人士的時候，的確，會有人和我說：「我不做直銷，我不差這種小錢。」我會笑笑回他說，你不差，但我有差。「你可以把錢捐給我們協會，讓我去完成我的使命。」然後大家就會乖乖拿出證件讓我幫他辦理入會。

其實，並不是我想要做直銷，而是大家都看見了，政府每隔幾年的抽檢，百貨公司的精油 90% 全部中彈，就更不要說路邊的各種精油品牌了。我的目的，是想要獲得健康呀！

和有公信力的精油品牌合作，這是我目前 0 元創業唯一能做的事。加再上，大家都知道直銷是可以一直傳承下去的事業，我只是把公司的福利套用在協會上，讓協會可以依靠自己就能源源不絕一直有收入進來，我覺得自己很聰明呀！政府補助一年年減少，募款本就不易，為何不讓協會自己就能有持續和被動收入？

日久見人心，路遙知馬力，你們會看到我究竟想為台灣社會做些什麼？雖然我的身體狀況，快不了，但沒關係，有志者事竟成。

每六小時

經過這二天的疼痛，我很肯定精油在體內的停留時間約是四至六小時。因為，每六小時就要在脊椎上一次精油，能減輕一些痛苦。

不知今天會場的坐位是長怎樣？椅子太硬，我大概要邊哭邊聽演講啦！但我還是想去，我的人生不想再被癌症所綁架。就……旁邊的人，不要受我影響就好，我盡量保持冷靜。

好痛～好痛～好痛！正要從會場回家，我很白痴，今天穿裙裝出門要怎麼擦精油止痛啦！明天，靠腰、穿褲裝、暖暖包一件不能少。真是痛到靠腰！

　　還在床上掙扎，出不了門，考慮坐計程勉強前行。其實昨天有點事，心情有點低落，除了自己身上的疼痛。接到了一個諮詢，想託我介紹那個 101 的神祕抗老診所，胰臟癌患者。中午還在幫忙連絡張醫生，結果，來不及了，沒多久傳來的訊息。

感謝　很遺憾　晚了一步　已往生了　　留下　二歲、六歲小孩及老母

　　心裡的話說不出來，捲曲在床上哭，面對疾病，上天是毫無憐憫之心的，而做為人的我們，又是這麼的無能為力。本來要出門的，不能哭，哭很傷體力，現在反正痛到走不了路，起不來床，弓！

　　昨天上課，談時間管理的四個象限，我就有一種異樣的感覺。對像我們這種不知有沒有明天的人才說，我對於「緊急、重要」的定義，有點不太一樣。

　　雖然我相信自己還要活很久，但事情總有太多變數，就像我今天已經準備好出門，但就是有困難。

宜璇的健康筆記

龜息療法 VS. 葛森療法與生酮飲食

剛和室友說，晚上不陪他去參加活動了，太痛。室友回了二個字「食氣」。

《生命金句》曬身邊人的幸福感會比曬自己的幸福感來的有成就的多。

這真是我的大絕招，我稱之為「龜息療法」，就是只曬太陽不吃任何食物，只喝少量的水。至今為止，大概施行二十多天，就能解除很多腫瘤的問題，例如壓迫神經、疼痛等，但是，完全不進食的話，我目前的身體不知是否能承受？

現在在創業階段，有點不想這樣。我在想，其實就做生酮飲食就好了。因為我也是屬於醣代謝不良的那一種。

葛森療法是禁吃鹽，生酮飲食是禁吃醣，只要在飯後抽下血，就能知道自己是屬於醣代謝不良，還是鹽代謝不良的體質了。

食氣，也是會生成酮體，是很快速地生酮，因為什麼都不吃呀！

精油止痛配方

2019 3 / 14

我知道應該去照個正子看看到底是什麼原因，痛成這樣，是肝、腎⋯⋯還是什麼？

但照完知道了又能怎樣？不怎樣，算了，還是把錢省起來，正子不列入健保，一次收費要三萬八千～四萬五千元，每次照完只是知道哪邊又有癌了，然後呢？沒有然後。等一下要出門走走，一點肌力都沒了，至少去買個中餐，只喝水和寧夏紅也不太好。

趁著剛塗完精油，趕快出門吃點中餐，嗎啡雖然管用但連喝水都吐。路上桂花開了，好想摘點花回家泡茶，但我害羞不敢摘。

精油止痛配方：薰衣草、冬青、（隨抓）、薄荷，一道道塗脊椎，然後上基礎油，再熱敷。我一用精油就口渴和想睡，可以連睡好幾天，就睡吧！當作細胞在修復。

已經連絡好台大醫院安寧病房，隨時可以安排入院。友人介紹說台大醫院有各種讓你學習面對死亡的準備。這挺好的，到瀕臨死亡前的一刻都還有很多可以學習。希望這次可以安然渡過身體的難關，如果不行，也都已做好安排，很安心。最好是別住進去，萬一住進去又沒死成，再來和好友分享台大醫院的安寧課程。

另外，上次去的 101 神祕診所，或許有機會做有價的交換療程，不強求，一切隨緣。我只要能不太痛就好，哈哈……超不積極求活的病人。

脊椎痛得快死掉 2019 3 / 15

疼痛近一週，前天最糟，昨天有點好轉，友人來看我說氣色不錯，今天又有再好一點。

身體加油！寧夏紅每天餵你吃三包，精油無限量供應你使用，你要乖乖恢復喔！

昨天 Vidya 老師來看我，嚇一跳，肚子整個脹很大，腹水啦！不是懷孕。

前天下不了床，喝了三包寧夏紅未進食；昨天在迴轉壽司店吃了花椰菜和生魚片；今天居然可以直接去吃到飽，很佩服自己的恢復力。

終於回到家，只要談工作精神就來，談完才發現脊椎痛得快死掉，彎曲著腰慢慢走回家，我的天呀！還好明天上午沒排活動。

> **今日備註**
> 在一家知名餐廳吃下午茶，痛歸痛，胃口還是很好，看來……這次應該會 Safe。

《生命金句》心沒什麼雜念，沒有過多負面情緒，累了，馬上倒頭就睡。

換成消炎為主的精油

2019 3 / 16

我可以確定，疼痛的主要原因：脊椎。這個，先去骨科照個 X 光再說了。

今早，腹水，消了很多，但還是痛，用排去法就剩下脊椎這個原因啦！今早黃石城安排去聽的演講，就不去了，無法坐超過五分鐘。我想在脊椎換成消炎為主精油再試試看，我的身體真是很好的試驗場。

事業方面，依舊異常順利，投資人也呼之欲出，昨天談到晚上十點才回家，或許我自己的香氛品牌一年內就可以市售。只是我要不要這麼快就進入自創品牌的階段？？？這個要再想想。

主要看我們合約怎麼簽吧！哈哈。我規畫的事業藍圖一向是以小搏大，初期單槍匹馬就可以打天下，用不著什麼成本，憑一己之力就能完成。不知道，反正我就是有這個自信。

創業的路上一直都很孤單，不知道可以和誰分享？和誰討論？總是有些不踏實和忐忑不安，只能透過 FB 和好友們聊聊自己內心的話，心情才能安定一些。

我的決策法，其實也很簡單，就是一枝筆、一張紙，列出利與弊，只要利多於弊就來做。

宜璇的胡思隨筆 ————

格局

人的格局有多大，成就就有多大。不論是政治家或企業家，都不可能是短視近利的，心中一定都有著自己所抱持的理念和使命感。曬身邊人的幸福感會比曬自己的幸福感來的有成就的多。

　　剛起床，發現……可以走路了，昨晚睡前還在想週一要把自己送去醫院，我的身體是有多不想去那種地方，被我嚇好了。

　　開玩笑歸開玩笑，該不會前幾天的疼痛是因為睡姿不良造成的吧！但睡都睡著了，我怎知自己是怎麼睡的？

　　出門買中午餐，站著走出去，趴在助行器上艱難走回來。肌肉流失真的好可怕，等下吃完飯再出去走走，再躺下去就要坐輪椅啦！痛也要走。

宜璇的健康筆記

肌力不足後遺症

好友家中有年長老人一定要鼓勵他多運動，不能走，往往是因為肌力不足造成的。

在車禍後，我深刻感受到這一點。車禍前，我早就是癌末了，但和現在的身體狀況根本是差了十萬八千里，原因是，二十八天的住院臥床，肌肉流失造成的。運動真得太重要。

癌症，醫生說的再嚴重，根本對生活沒實際影響，真正影響生活的是骨折的脊椎和肌肉的流失。

《生命金句》醫生宣布「你罹癌了」，我才發現，人應該活在「現在」。

早上，又痛到起不了床啦！

乳癌骨轉移的存活中位數是二十個月，我已經轉移三年，也就是二十四個月。我看以後的日子，大概要躺著生活吧！只怪我的頭太重，脊椎支撐不了。

臥床就臥床吧！我已經連哭都懶得哭了，只想打起精神把剛起步的事業好好做下去，然後做好交接。這樣看來台大安寧病房還算不錯的選擇，交通方便，以後生意就在這進行吧！

在安寧病房談生意，Good idea！

┈宜璇的健康筆記

「手」療＋肺積水精油配方

下午躺著做靈氣，挺有效的，不要以為我不能坐、不能站，躺著就沒事。我有肺積水，經常是坐著睡覺。這幾天，無法坐，剛躺下去就是咳到呼吸很困難，只能一直想著「宇宙能量之氣」來幫助我冷靜下來，與不適感和平共處。

我們的手，真的有療癒效果，只要把手放在疼痛的地方，就能舒服很多，好有趣。

我學的是昆達里尼靈氣，很簡單，把手放在脈輪或不適處，想著「Reiki reiki the universe is one with me.」

剛好有人問了肺積水配方：乳香、順暢呼吸、絲柏、天竺葵、薄荷，各50D 放在 50 CC ＋基礎油調勻，一天五次放在整個肺部跟背部的對應區，有人反應一週後就很有感。

《生命金句》累了，不如就好好休息一下。

入院打嗎啡

快餓死了，看看能不能有辦法去吃飯？？？

痛死了，決定入院打嗎啡，順便看看還有什麼酷刑要上。有確定病床再和好友們報告。

再次進醫院

又到了要把自己送進醫院的這一天。我覺得自己最厲害的是，越來越能「接受現實」。

好友問我：「你怎麼辦？」就……還好呀！我依然覺得自己很幸運，在脊椎撞斷後還能再過了幾個月能「行走」的日子。接下來，就算不能走了，但我大部分想做的事，只要透過網絡還是能做的。

多少癌症媽媽在生下孩子和做治療中不幸往生，但我很幸運！在小寶貝讀小二前，我都一直陪伴她身邊。至少小寶貝現在已經十歲了，有爸爸和疼愛她的家人會照顧她繼續長大。

現在新的寶貝就是我新做的事業，有點擔心，能不能初步完成，完成我內心真正想為社會做的一些事情。但還好，我選擇的事業是有夥伴可以幫助我一起完成，我只要提供我能做到的資源，其他的部分，有其他的人可以支援，可以繼續做下去。

很多好友擔心，會不會睡不好。完全不會，我的心沒什麼雜念，也沒有過多的負面情緒，累了，馬上就能倒頭就睡。總之，謝謝大家給我的關心和愛，我也很愛你們。感恩，我活著；感恩，疾病讓我成長。

《生命金句》別人生命的故事，是一面鏡子，會帶給我們很多的啟發。

透過手導引宇宙能量

感謝小鬍子師父幫我用遠距靈氣調整，雖然還是躺著，但居然可以翻身。（一般，背會又硬又痛，只能僵直地躺著，想移動都痛得哇哇叫，翻身幾乎不可能。）我自己用靈氣，只有很短的時間能緩和，手一移開就失效。看來，真得要來好好練習。靈氣真得很神奇，感受是很明顯的。

只是我因為之前有練氣功又有接觸脈輪，一晃神會把三個搞混，氣功要感受體內「氣」的流動，脈輪則要轉動，靈氣都不用，只要透過手把宇宙能量導引至對應點。

個人覺得，靈氣的感受最直接，能立刻有感。

累了就休息吧

2019 3 / 21

　　身邊的很多人對現在的生活不滿，又對未來很焦慮。我以前也會這樣，每天都活在「未來」的世界，每天的努力都是為了讓未來能夠更好。

　　工作為了存錢，存錢為了退休後有錢，直到醫生宣布「你罹癌了」，我才發現，人應該活在「現在」。你現在都累到沒心思去安排生活，累到都沒有時間去感受生活的美好，哪來的未來？不活在現在的你，根本什麼都沒有。

　　我很幸運的是，很快看透這一切，有時我覺得雖然我的身體有病痛，但我的心，比起身邊的很多人，更柔軟、更能感受到這世界的美好。

　　給身邊的好友，累了，不如就好好休息一下。

《生命金句》生本來就不平等，死才是平等的。

我不再渴求對方是怎樣的，因為我已經可以為自己的人生幸福負責了。

今天前往和平醫院做針灸，一位前列腺癌末期患者介紹，掛的是泌尿科（但我要看的是乳癌），經友人介紹這位中醫是位奇人，醫生也說他願意試試看，他的治療方式是「自我發現中醫療法」。

前列腺癌的這位友人是從二〇一七年十一月開始治療，從不能行走（癌症骨轉移），到二〇一八年十一月與正常人行走無異。他說：「另類療法，沒有統計數字，只要有人成功，我們就有機會。」

我下週要和長照業理事長聊怎樣把精油運用在安養中心，他也已加入我的事業經營團隊中，我要把身體顧好，才能更有效率來實踐我的理想。

我發現只要在腰脊後放上較柔軟的「靠腰」就可以坐比較久。如果我的雞尾酒治療法能讓我恢復一些些，那我感謝上帝；如果，就是一直不斷會退化，那我就把當下活好，不讓自己太痛，我也接受，繼續尋找能讓自己舒服點的姿勢。加油！

宜璇的胡思隨筆 ————

當你接受了，可能性就出來

別人的故事，尤其是生命故事，是一面鏡子，會帶給我們很多的啟發。

這句話很值得深思「生本來就不平等，死才是平等的。」

既然死亡對我們來說是無法避免的，那又何需去糾結這件事，心平氣和

接受就好。當你接受了，可能性就出來，愚昧的人總是糾結過去（抱怨、

心有不甘、放不下……）；明白的人會活在當下，著眼未來。

在時間管理上，其實給你很多時間，也不一定能有所「產出」；反而，

有限的時間，會讓你做事很幹練有條理，因為沒有時間去浪費、去計較。

我癌末，我失去很多，很多事我做不了；但同時我也有著別人沒有的優

勢，上帝是公平的，關上一扇窗，會開啟另一扇窗，只是你自己

總陷在莫名的情緒中，你看不見為你開啟的那扇窗。

真的非常害怕   2019 3 / 23

好吧！說出我的小祕密。所有的西醫都和我說了，骨轉移是無法逆
轉的，遲早會全癱。所以，我只能相信另類療法，期待著奇蹟。

學生來看我，醫生來看我，我都笑著和大家說別擔心，我會活很久，就算癱瘓，我也會是最有成就的癱瘓者。結果，醫生，還是給我開了抗憂鬱藥，我拿著藥袋覺得奇怪，我明明很樂觀很開朗呀！幹嘛給我開抗憂鬱藥。

我怕，非常害怕，真的非常害怕。好了，祕密說出來了，隨著兩行淚放下了。

「幾乎所有人都是在住進安寧病房後，才開始重新審視人生。」後悔自己太努力工作了、後悔沒向身邊的人說道歉、想做總以為有時間而一直沒去做的事、想去喊了一輩子卻沒出發的地方。

回想自己第一次癌症確診，第一次進安寧病房，第二次進安寧病房，這次是第三次進安寧病房。三進二出（這次能不能出還未知），心境都不一樣。

我困擾的是，這次又住滿二十八天，被趕出院後，下一次要換哪家醫院？

我不是開玩笑，做疼痛管理，獨居是萬萬不可的，昏倒在家都沒人知。待在醫院是最經濟又安全的，最好是有中醫部，可以順便做個針灸之類。反正，我已經準備好，如果腰就壞了，只能臥床話，也只能一直不斷期滿轉院了。因為我還會活很久……。

為什麼疼痛管理還是需要的？在劇痛之下，人會咬緊牙關，長久用力咬合之下，整個牙床會出問題；再來就是肌肉會因疼痛造成緊繃。所以長期和疼痛對抗之下，牙床一直處在腫脹和發炎狀況，牙齒會浮出來和鬆動，開始一直掉牙。然後，肌肉不正常地酸痛，像我一痛就會雙手抓著棉被肩頸用力，腳捲曲後肚子也會施力，然後就脖子痛、肚子痛，脖子的肌肉僵硬長久下來也會出現很多問題，血流不足。

《生命金句》上帝是公平的，關上一扇窗，會開啟另一扇窗。

所以，思來想去，還是別這麼折磨自己了，去醫院用嗎啡放鬆一下自己！喘口氣，太累了。

偶爾去探視會疼痛的癌友，我只能在旁邊祈禱，我不會和他說要加油，在劇痛之下，沒有什麼好加油的，安寧地死去，才是最好的解脫。不要覺得我悲觀，當你經歷過，你就會同意我所說的話。

今日備註
忘了報喜，在昨天被醫生用火針（指「火針療法」）玩完戳戳樂之後，今天早上可以起床尿尿不用包尿片了。

宜璇的胡思隨筆 ————

受害者的保障

某綠營立委說：酒駕刑責過重會影響酒駕者生活。
那我想問：車禍受害者，殘障後無法工作、生活費和醫療費都必須自行墊付，打完刑、民法官司後也不保證能拿到賠償金，請問蔡總統在這方面如何保障台灣人民？
肇事者要保障他的生活，那「受害者」呢？政府又給了我們什麼保障？

《生命金句》別總是陷在莫名的情緒中，看不見為你開啟的那扇窗。

謝謝大家的關心，我很幸運，因為我沒有一直一直痛，這次的疼痛持續了二週，已經轉了四家醫院都說是癌症造成的。

一般來說癌症的痛應該是沒日沒夜的痛，但我只要躺著完全不動就不痛。所以，我說我很幸運，我就一直睡就好了，睡了不動就不會痛（好幾位醫生看完影像也說不出為什麼會這樣）。

火針做完後有更不痛些，昨天上午還開了三個小時會。今天也還好沒有痛到不能動，還可以走來走去。

一般人失眠使用薰衣草，但我是要用乳香，只要一痛我就聞乳香和擦在胸口，就馬上想睡。乳香是著名的修復精油，可見我的身體有多需要被修復。

除了乳香精油能讓我很快入睡（這很重要，失眠對身體是極大的傷害），能減緩疼痛就是做靈氣，將手放在疼痛的部位，想著「靈氣、靈氣、宇宙與我合一」，很快就能緩解疼痛。當然有經驗的靈氣老師做會更舒服。

因為我能不吃止痛藥就不吃，連醫生都好奇地問我，是怎麼克服疼痛的；就像上次車禍住院，醫生一直逼我抽肺積水，我和醫生說肺積水會自行吸收，醫生說癌症造成的不可能。結果，真得吸收了，醫生是沒說什麼，但一旁的住院醫生一直跑來問我是怎麼弄的，就……絲柏精油呀！我每天請腳底按摩師給我用絲柏精油按摩腳。

我癌症十年，連一次肺積水都沒抽過。

《生命金句》只要靜心，放鬆身體，就能讓思緒與精神平靜。

民俗療法

　　下午做民俗療法，每一個動作都痛到哀哀叫。一直叫～一直叫。我想下次，應該不敢再去了，對方也說：「這樣真得沒辦法做喔！」做什麼動作？就趴在床上。

　　我知道嗎啡打下去就會緩和，但，再等等。打下去，我的體質是完全無法用嘴吃任何東西，喝任何東西的，只能靠掛營養劑，惡性循環，很快人就玩完了。

　　應該是垂死前的掙扎。現，各路英雄好漢都在幫我想辦法，再堅持一下下，加油。天無絕人之路。好痛……嗚嗚……

今日備註

平靜的力量→不需冥想，只要靜心，放鬆身體，讓思緒與精神平靜。開始理解自己，認識真正的自我。

《生命金句》我是女巫，我善用自然的力量，創造與實現生命、夢境與願望。

宜璇的胡思隨筆 ————

我是女巫，善用自然的力量

女巫是能掌握自己力量的女人，她相信自己的內在權威，不需要仰賴外界的經驗和認同，她提煉經驗和情緒，她擁有力量、能量，她自給自足，並且尊從自己的意願。

★發自內心認識自己的本質。

★成長並且完整表達自我，才能帶來女性力量。

★你必須願意接納所有的感覺，包括喜悅、痛苦、恐懼和絕望，體驗整個世界。

★成為女巫的關鍵是你面對人生的姿態。

我是女巫，我善用自然的力量，創造與實現生命、夢境與願望。

關於我的【女巫占卜】，
可掃描以下 QRCODE 看更多資訊：

《 生命金句 》關於癌症或任何疾病，痊癒不代表勝利，治不好也不代表失敗。

消炎止痛精油

為什麼突然間又開始使用精油？雖然，我接觸精油很久，但中間有很長的一段時間，只是拿來泡澡做放鬆。

FB 好友應該記得，我有一段時間總是聞到自己體內散發出的腐屍味。我很怕聞這種味道，漸漸地，就不知不覺把飲用水、保健品都換成含有精油成份的，至少，在我車禍後，經常二個月才洗一次澡也不會有不好的氣味。

學生問我下午到底去做什麼民俗療法，下午去烤火磚（指另類療法的一種），是癌症友人介紹。聽司機說，好多從國外來的人都會來烤，甚至有些人來了覺得不錯，還特地來台灣住一個月，每天都去。

師父一看我的背，說：「太慘，不要說骨頭的問題了，整個大發炎。」

飲食？精油？我這麼差的身體，該怎麼制定這二樣呢？

飲食的話，真得必須斷醣，但我剛剛還在吃排骨便當（錯誤示範）。

精油要全部換成消炎止痛精油，我整理二種配方如下：

配方 1：藍桉＋茶樹＋德國洋甘菊＋愛華達州藍雲杉＋薄荷。

配方 2：沒藥＋尤加利＋丁香＋聖檀木＋岩蘭草。

另一支備選一直在想要不要來用：左手香。台灣民間會用左手香的葉子揉碎敷在疼痛處，精油的話就是左手香至精油。

《生命金句》如果癌症患者說「罹癌真是太好了」，那表示病不再是痛苦。

不要臉面之 PO 文

別人的 FB 是曬幸福、曬美照，粉飾太平地希望別人知道自己過的有多好。

相對我的 FB，還真是沒什麼臉面，什麼醜事、尿失禁都不忌諱地能看見。本來以為真得就剩三個月生命，所以只想著在 FB 留下人生的紀錄，沒想到這麼多年過去了，還沒死，就變成了 FB 真人實鏡秀。唉！我看我也當不成什麼網紅呀！教主之類的，就還是當自己吧！

我癌末骨轉移，又車禍脊椎撞斷三截，一年半沒收入，肇事者不聞不問。打電話求助桃園社會局，社工來家訪告訴我，我唯一可以申請的補助叫「身障創業補助」。

請蔡總統，比照台灣國民辦理，請對方好好創業，靠自己。

＊報告蔡英文，我會在安寧病房，好好創業，以支付自己的醫療費和生活費。

＊在台灣酒駕、撞死人都不用負責，被撞的要自行負責。

＊台灣有責任照顧其他國家和罪犯，自家人和受害者國家無力照顧要自立更生。

叫自己堅強

工作到今天先告一段落，先專心處理疼痛問題，撐不住了。

在我內心，真的是把淑華當成我姊。只有和她說話，說不到二句就哭了出來，原來我不是沒有情緒，而是我告訴自己：「我很好，我沒事……」而壓抑下來。以前我是她的老師，現在她是我姊。在這世上我無依無靠，只能叫自己堅強。

讀書筆記：21 則抗癌療癒奇蹟

我曾看過一本書叫《21 則抗癌療癒奇蹟：罹癌才看見人生叉路的風景，最激勵人心的真人真事》，作者曾經一度拚了命也要找到世上最好的特效藥，來拯救這些好可憐的癌症病人，最後他發現，癌症根本沒有所謂的特效藥和特效療法，對每位患者來說，適合的治療法各有不同，世界上不存在打一針，癌細胞就會消失的魔法藥物。於是她不再找尋癌症的治療方式，而且從身心靈的角度重新看待癌症。

★痊癒不代表勝利，治不好也不代表失敗。

★如果癌症患者說「罹癌真是太好了」，那表示病不再是痛苦。

★心靈療癒就是分享經驗。

★想要享受人生，對任何事情都抱著某種「得過且過」的想法很重要。

★直覺：在迷惘時，就依循自己的靈感。

★緣份：珍惜緣份就會有好事發生，尋求他人幫助也很重要。

★利他之心：人一生病就容易把焦點放在自己身上，然而，越生病就應該把注意力放在自己以外的地方。

★必然：與其哀嘆自己罹癌，不如轉念思索罹癌的意義。

★真正的自己：找回自我，度過充實人生。

★接受死亡。

《生命金句》疾病教會我，成就、財富、美貌等，到頭來一切是空。

我的命是大家救的

去年出車禍時，聽到癱瘓，完全不想活了，也曾和醫生說：「讓我死了算了。」託學生幫我找權威的醫生想轉至林口長庚，卻連轉院的錢都沒有，還是蕙美拿了四萬塊救急，才得以在當天順利轉院。

我沒有後援，只能靠在 FB 發文向外求援，得到好友們的小額捐款，存活到現在。可能也因為這樣，我和自己說：「我的命是大家救的，我沒有權利悲傷，也沒有權利隨便死掉。」

從和平醫院坐車回家，司機又問我：「你是出生就這樣？還是後天？」因為去程時我已經說了一遍，回程又要再回答同樣的問題，突然間悲從中來，一直哭…一直哭……。

我想以後出門，不如帶 QR 碼算了，讓他直接掃回家慢慢看，我好痛，痛到說不出話，然後還要一直不斷重復同樣的故事。就……哭了……

今日備註

今天除了火針，多了手部針灸，說要針一小時。
旁邊病人一直覺得奇怪，怎麼泌尿科還有針灸？呵呵……

安排新的工作

盡人事，聽天命；不放棄，也不強求，一切隨緣。

今天開始安排新的工作：

《生命金句》我選擇可以讓我學習成長的工作。

1. 處理疼痛問題。

2. 經營 Line 的精油群。

今天，大半天都坐在床上寫精油分享、寫抗癌故事。我感覺做自己喜歡的事，很開心，能暫時分散痛痛的注意力。當然，我有找到讓我舒服的「靠腰」，這東西很重要說。

哇！只要保持微笑就能「身體健康，長命百歲」。今天，實在撐不住，還是吃了一顆止痛藥，但，好像「沒效」？？？在劇痛下要努力保持開心，很大的挑戰。

換不到「不要痛」 2019 3 / 31

早上一顆止痛藥＋晚上一顆止痛藥，有緩和一點，有心情做事了。

骨癌的痛是分小痛、大痛、劇痛，沒有不痛這個選項。

今天學長會帶中醫師來家裡幫我做針灸，很感謝學長。學長為了帶醫師來，還要開車去載醫師，請他吃飯。謝謝大家對我的幫助，感恩在心，我也不知該怎麼回報，只能盡力讓自己活好一點吧！

曾幾何時，我的願望就是「不要痛」。疾病教會我，成就、名譽、事業、財富、美貌等，到頭來一切是空，在疾病面前這些追求都無意義。我願意用一切去換取「不要痛」，但……換不到。

今日備註
天呀！天呀！文字有魔法，在寫完上篇文章後，我……居然不痛了，是因為我學會疾病要教會我的事了嗎？
感動的哭了，我現在要出門去吃生魚片，然後去公園散步、曬太陽，感謝太陽神，我是太陽神之女。

《生命金句》賺錢這件事只是熱情下產生的副作用。

止痛方法及變年輕的方式

三個主題逼妳變年輕：

♡**五色呼吸法**：光是呼吸就提拉。

♡**乳香開竅**：還沒開始學瑜伽、就能輕易觸動地板。

♡**髮皮養護**：做一次頭皮養護＝做臉六次。

先聲明，我是突然間不痛，我自己也不知能維持多久喔！

飲食：一天一餐，喝水和黑茶（讓麴菌發酵後製成的，茶磚上會有一點一點的金色，我喝的是安化伏苓茶，是我大陸好友在山上有機種植的）。

保健品：寧夏紅枸杞，一天二包（補肝、腎）、腸溶性魚油（Omage 3）、深藍 deep blue 止痛膠囊（高抗氧化劑）。

精油：薰衣草＋乳香＋冬青＋冷杉＋茶樹＋薄荷（消炎止痛），塗完後泡湯。泡完湯用天竺葵精油嗅吸＋塗腰後（排肝、腎毒素）。

排便和良好睡眠：這非常重要喔！

靈氣：除靈氣外，前天加入克里昂能量治療在睡前排除情緒。

止痛藥：至今日，總共吃了四顆，止痛藥很傷肝、腎，又會造成體寒（用天竺葵精油努力排肝毒中）。

以上，和大家分享，我每日的止痛方法。這次劇痛是從二〇一九年三月十三日開始至三月三十一日緩解疼痛。

《生命金句》珍惜緣份就會有好事發生，尋求他人幫助也很重要。

宜璇的胡思隨筆 ————

做自己喜歡的事

二月開始規畫精油事業,當月就升總監啦!三月十五號領到二月的佣金——$30898(台幣三萬零八百九十八元),我有收入啦!!!比社會局安排的 22K 多了一萬,超級開心。要繼續努力,六個月內達成銀級,目標月入十二～二十萬元。

再來,就是要帶領團隊,讓大家都能上銀級。

我大多時間都在對抗癌症和睡覺。只有很少時間和朋友喝喝咖啡、一起學習精油知識,做自己喜歡的精油研究,這樣也能賺零花錢,好神奇。精油果真能招財。

♡我有錢請終點看護啦!踏出自立更生的第一步。真得很佩服自己,0元創業,身體又不能動,在家躺著,還能在工作第一個月就能有「被動」收入三萬(我不能動),最勤奮的那個居然是我室友,他二月中才加入,也可以領到二萬。我能做的就是讓上、下線「動」起來(偷笑),這真是一家神奇的精油公司。

♡一切都在我的規畫之中,我用頭腦整個沙盤推演過,下個月應該就能達成月收入四～五萬,這工作的好處就是可以不斷地為自己加薪。

♡我只做有趣的工作,我喜歡跳舞所以做舞蹈老師;我喜歡精油,所以做芳療師。我選擇可以讓我學習成長的工作,因為熱愛,所以能心想事成。賺錢這件事只是熱情下產生的副作用。

《生命金句》因為熱愛,所以能心想事成。

生命第五章　〈四月〉

就算在安寧病房，
也要朝氣蓬勃

—

—

我在考慮要從床上爬起來？
還是繼續躺在床上……我必須完成的事項：
□ 活下去
□ 努力活下去
□ 繼續努力活下去

用我的治療小筆記，對抗病痛活下去

_____

香氛安養中心

昨天那個負磁性能量共振儀真得超有感的，身體像是飄在雲端軟綿綿的，做完後超熟睡。在放鬆所有肌肉後，終於找到疼痛點，是在右後腰的側邊。做了這麼多另類療法，這個是最有感覺的，馬上有感。

陳醫生說，五月會有一家國內的素食餐飲業要投資長照事業，會把他的療法運用在長照上。當然對我來說，把精油放進去，變成香氛安養中心也很好呀！其實精油是能量共振很好的媒介，陳醫師的療法本來就有在使用國內的黃檜精油。

我一邊做癌症治療，一邊讓這些醫生加入我的團隊，共同來推展整合醫學，感覺很好。既能幫助自己，又能幫助更多在病痛中受苦的人。我都和這些醫生說：「反正你們本來就在使用精油在治療各種疾病上，悠樂芳的精油品質有保證，你用別的精油也沒人幫你把關品質，這營銷的收入是公司給的，也算是多出來的，你不要，就全部捐出來做公益呀！」

其實很奇怪，有時創業這件事，你不把賺錢這件事當成主要，而是真正喜歡它、了解它，運用它在生活中、工作中，錢反而自己會滾進口袋。反而是那些為了賺錢汲汲到處奔走、瞎忙的人，你會發現這種人一輩子都在「瞎忙」，到最後錢也沒賺到，身體還搞壞了。

做公益這件事，老子有錢，愛捐多少就捐多少。

暗暗的心情

　　暗暗的心情之一：雖然疼痛稍有減緩，但體力更差了，也提不起精神。昨天去完全優診所上課，醫師娘把年會的珍貴精油送我（產量少，沒市售）。

　　好死不死，一早負能量先生又打電話來：「那位 XX 先生，本來已經走投無路了，認識你很開心喔！可以在你身上賺很多錢？」這什麼意思？聽不懂？但心情更低落了……

　　暗暗的心情之二：我一個兩腳踏進棺材的人，為什麼別人會在我身上撈很多錢？他為什麼不想想——別人對我的可能是同情，可能是對自己的激勵。友人和我說，看到我這樣還這麼努力，她就覺得她自己沒什麼好抱怨的。

　　我二十八歲開始創業，的確認識很多人，也有很多人和我說：「人脈就是錢脈。」但十多年過去了，並沒有人能真正把我身邊的人脈轉成錢脈呀！哪有這麼簡單，如果真有這麼簡單，那也是對方的實力呀！

　　一早打來說：「你很有本事喔！」人家在你身上看到無限商機？在哪？口袋只有一排止痛藥。

今日備註

今天復康巴士又訂不到了，車輛根本嚴重不足，有殘障證也沒啥用。今天去醫院，還是要自己花錢坐小黃。

我視金錢如糞土，但生活中又處處要用錢，手上沒點零花錢還真不行。

《生命金句》任誰的一輩子也不會一帆風順，但我們可以自己選擇自己的生活。

宜璇的胡思隨筆 ————————

不要在意別人的眼光

有一條魚問烏龜：「為什麼你遇事就躲，縮在殼中呢？」

烏龜慢悠悠地伸展四肢說：「別人的評論重要嗎？那不是逃避，只是求一個安靜的環境而已。」

魚再問：「可是被罵了，也不在乎嗎？」

烏龜看了魚一眼，慢慢轉身說：「這就是我為什麼活得比你久的原因！生活中做好我們自己很重要，別人願意怎麼說就怎麼說吧！」

世間萬物存在必有其道理，我們人類活在世上也是一樣，任誰的一輩子也不會一帆風順，但我們可以自己選擇自己的生活。所以，人生在世短短幾十年，不必在意太多外在的態度，別人的眼光幫不了你任何事情，相信自己，努力過好自己，不在意別人的眼光，我們才能開心，快樂！喜歡你的人，你怎麼做都是對的；反之，不喜歡你的人，你做得越好越看不上你！

《生命金句》喜歡你的人，你怎麼做都是對的！

想盡快入院治療

　　我發現，疼痛的主要原因應該是神經痛。只要坐下後，姿勢不對，或背去壓到，站起就是劇痛。

　　今天去台大醫院，坐下再站起來就又痛到半死。結果，還是無法入院，入住安寧病房，除了我室友，尚需要一位人士簽字，誰來幫我簽呀！想盡快入院治療……

不吃止痛藥

　　從台大醫院拿了止痛藥，整個晚上胃痛、噁心……無法入睡，什麼鬼西藥。我還是不吃了，不吃至少好睡；吃了，連睡覺都不能睡……

來一台好坐的輪椅

　　止痛藥會讓人很憂鬱。

　　昨天和兩位好友一起聞香，裝精油試用瓶，不知是否精油的解毒效果？好處，一夜睡的很好直到剛剛才起床；但壞處是，昨天下午的止痛藥一點都沒效，痛痛……

　　話說回來，我自己也需要一台好坐的輪椅了，就算吃了止痛藥，一般的椅子我還是沒有辦法坐，還是先等台大醫院確診再說吧！

《生命金句》相信自己，努力過好自己，不在意別人的眼光。

宜璇的胡思隨筆 ─────────

終身學習

再次論述歸零心態。過去的成功只是讓我們對自己具有信心,然而在面對 5G 時代的來臨,切記,永遠是長江後浪推前浪。不可能再像過去的長者可以和後輩說:「我吃的鹽比你吃的飯多,我走過的橋比你走的路多。」這樣的事已經越來越少了。

歸零,終身學習,再出發!

何處淒涼可淚垂

2019 4 / 7

什麼事都要靠自己,真靠不住啦!該怎麼辦?

我都只能回答:一斤二塊半。

通常,我跟醫生的對話都是這樣。

醫生:你先生呢?

我:他有自己的想法……

醫生:你父母呢?

我:出國玩去了……

醫生:很厲害,他們可真放心你!!!

《生命金句》朋友看到我這樣還這麼努力,她就覺得她自己沒什麼好抱怨的。

說真的，一是病太久了；二是我太獨立，從不叫苦、也不報怨，大家都忘了，其實我病的很重。

是不是也該像別的病人一樣，偶爾發發脾氣、顯示一下自己的軟弱的情緒；而不是永遠堅強地微笑，默默自己一肩扛起所有的不安。

人，該示弱時，就該示弱，別人才知道你需要被幫助。
當女漢子的下場就是，活該默扛下一切。

隨遇而安 2019 4 / 8

過去就過去了，本來沒什麼好回憶。只是，在重症的情況下，總是避免不了，要有人簽字。想避也避不開，必須面對，不然⋯⋯不能入院呀！

其實我還活著，為何我不能自己決定就好？還要有代理人、見證人簽名？？？麻煩。

醫生看我在病床上艱難的蠕動，問：「你真的有辦法自己來？」⋯⋯隨著身體越來越差，我也不知道呀！真得不行再說吧！

隨遇而安。

和醫生、護士、病人分享精油 2019 4 / 9

台大醫院安寧病房的護士們都有接觸精油，也有在學習精油，我們有共同話題。我很幸福，能遇到這麼好的安寧醫療團隊，早上吐到一塌胡塗，和醫生討論後馬上換藥。

我現在最大問題就是疼痛，精神很好，只要不痛，我就能做我想做的事：

　　1. 寫書。

2. 在醫院和醫生、護士、病人分享精油。

很神奇的是，我的病房室友，那位年長阿嬤，早上八點鐘時突然清醒了近二個小時，說了幾句話（雖然大家都沒聽懂，不知是不是和我在病房使用精油有關）。阿嬤的兒女決定讓阿嬤「活下去」，不拔管了，也請了新的看護，來盡心照顧阿嬤。

宜璇的胡思隨筆 ———————

人性的觀察—弱連結

車禍後，完全是依靠弱連結在生活。很有趣吧！不僅僅互聯網營銷是依重弱連結，現在連人與人之間的關係都是依重弱連結。

像我這種慢性絕症，家人害怕自己的生活會被長期拖累，就會像駝鳥一樣，最好你不提，大家也就假裝看不見、也聽不見。

現在主要幫助我的人，反而是沒見過面的網友、醫院的醫生和志工。當然，可能我也有問題，我不敢和家人求助。

為什麼？害怕被拒絕呀！如果他們有心幫忙，不用我開口，早就幫了。

自尊心呀！讓我選擇什麼都不說。根據以往的經驗，他們會說：「妳已經嫁人了，不歸我們管，我們老了，叫你老公負責。」家長，是一種什麼樣的存在？

重病前，我一直很沒安全感，每當我出事，家長就會說：「你有什麼事，

《生命金句》偶爾也要發發脾氣、顯示一下自己的軟弱的情緒。

都不跟家長說，我們想幫也幫不了你。」

但事實是，每次，有事要找家長，除了一頓貶低之外，他們根本給不出什麼幫助。一次、二次、三次後，我不會再開口。因為我知道開了口，除了一頓羞辱外，還是羞辱。

被外人羞辱，沒什麼，大可以一笑置之。但……被家長羞辱，那是什麼心情？

我知道，他們不是故意的，他們對教育的理解力就是那樣，有什麼不對，絕對是自己的小孩不對，打罵孩子給外人看。是他們的教育理念……

曾經，我嘗試和他們溝通，「你們的行為，很傷害我」。結果，我得到的答案是：「如果不是我們總是在提醒你，自己有幾斤幾兩重。你會自以為很了不起，你會不懂反省自己，你不會有今天的成就。」

不要什麼都自己來

面對什麼都要自己來的我，但我昨天吐一天，最後只吃下四分之一碗粥，醫院的人員實在看不下去，護士和社工都怕我站不穩跌倒。最後，社工來幫我申請有補助的看護，只是就算有補助，一天還是要好幾百元，我和醫生說：「有多少錢做多少事，我已經得到大家很多的幫助，我不想勉強，我可以自己來。」醫生下結論說：「你不可以自己來，就是不可以。」

社工說：「會去幫我找一些補助。」

檢查出來了，是骨頭的問題，骨頭有腫瘤。一直期待只要把骨頭拉直就能好轉的願望落空了。只能與止痛藥終身相伴。不爭氣的哭了。

《生命金句》人，該示弱時，就該示弱，別人才知道你需要被幫助。　139

宜璇的胡思隨筆 ─────

安寧病房的觀察筆記

事件一：隔壁床是位年長的阿嬤，早已無自主意識。子女們有些後悔地和醫生說：真不該讓阿嬤白受這麼久的苦，要選個日子讓阿嬤離開。

事件二：和護士說，想要訂醫院的早餐，結果……答案是，很難吃最好不要。好吧！那就只好吃一樓的便利超商啦！希望止痛藥有效，讓我可以下樓買早餐吃。

事件三：入院第一件事，先止痛，調整用藥劑量，頭暈目眩中……。

請假外出演講

2019 4 / 11

今天受邀至東鴻扶輪社演講，分享我前半生的創業、旅遊、見聞 …… 等小故事。講題是「跟著舞蹈去旅行」。

醫院給我四小時的假外出，是要推輪椅去？還是帶助行器去呢？完成任務，回醫院直接止痛針伺候。講的時候都不痛，一回醫院直接進入哀嚎模式。

剛剛醫生來和來訪的室友說了我的病情並讓他簽名。室友又說了我是來醫院渡假、來享受之類的話，又說，我會活得比他久。醫生和室友說：「是嗎？除非你會在二個月內死亡。」

　　　　《生命金句》人各有命，沒有什麼為什麼？不為什麼？

哈哈……，正努力在 APP 挑選中餐，雖然志工們很熱心都會一直送素食給我，但我想吃肉，吃醋醋排骨、獅子頭、叉燒油雞等，反正日子不長，吃的也不多，幹嘛不多來些大魚大肉，我不要吃草啦。我要吃肉、肉、肉……很多肉……。

> **今日備註**
> 耶！忍著三分痛，成功走到醫院的美食街買早餐。回房間，開動。在痛與吐之間，只能選一樣。

宜璇的胡思隨筆 ————

當病人要比醫生還忙

我今天做了很多事喔！志工幫我用百萬機器洗澡洗頭，和五位訪客聊天，又做了蝶古巴特。傍晚心理師來，說：「你比我還忙……。」哈哈，好像是。從早到晚都在說話，嘴都說乾了。

宜璇的胡思隨筆 ————————

以「天」為考量的日常安排

我在安寧病房還在想，隔壁床九十多歲阿嬤，醫生都為她在安排出院後要轉到哪個安養中心做打算。病人家屬問起阿嬤的存活情況，醫院告知是以「月」來考量，可能十個月、也可能更久，也可能中間有什麼併發症很快就離開也說不準。

對我，卻什麼也沒說，也沒和我提出院後的事，原來，我是以「天」做考量。難怪，我和醫生要求不要吃多餘的西藥以免增加副作用，醫生都說：「不要想這些，現在不痛就好。」

然後，每天心理醫生、宗教人員都來，和我聊天，我想，醫生都對我好好，別人好像沒這麼多服務？原來……我是真的在為臨終準備……，原來如此！

刺激食慾

2019 4 / 13

我會不會太任性，居然點這個外送，要一邊偷吃一邊眼觀八方，不知會不會被罵？？？

不過，二個月存活率，應該想吃什麼就可以吃什麼吧！總之，快點吃……

《生命金句》心靈最好的療癒就是分享美好的經驗。

滅掉證據，呵呵。

說是一天一餐，實際上那一餐也只能吃下五分之一的便當而已。我已經是用 APP 一路刺激食慾，然後點了一個我覺得最能讓胃口大開的食物了，還是完全沒能吃下。

Vidya 老師來說：「你什麼都沒吃，當然一點體力也沒有。」今天的那個冰品，不愧是高熱量，我居然吃了一半，水果也吃完了，晚上居然還肚子餓，吃了三分之一的排骨便當。可見，真得要有熱量才有體力好好吃飯，催食量中……

枸杞　2019 4 / 14

對厚，我的梅子在哪裡？放到忘了……我要吃……

止痛藥最困擾我的，除了昏沉沉之外，就是便祕。好不容易才用燕窩和寧夏紅枸杞調整好的排便習慣，又被打亂了。

什麼肛門塞劑、軟便藥、腸道蠕動劑、益生菌等，對我都沒有效。只有三種東西有效：1. 燕窩。2. 寧夏紅枸杞。3. 甘油。這真是，口袋空空卻有富貴病。

父親去寧夏玩回來，也帶回了不少枸杞。枸杞是好東西，可以抗腫瘤，營養價值高。下午，Vidya 來看我時，有請她再幫我帶個三十包來調整體質。沒想到寧夏紅枸杞對我的幫助，可能比精油本身的助益更大。

最後的決定　2019 4 / 15

隔壁床的阿嬤兒女們還是幫阿嬤做了這一生最後的決定，阿彌陀佛！

《生命金句》想要享受人生，「得過且過」的想法很重要。　　143

病痛紀錄很重要

我時常聽林承箕醫師教患者做的事，自己要對自己的病痛做紀錄。我們總希望在肚子痛時，醫生會立刻告訴你為什麼會肚子痛；胃痛時，醫生會立刻告訴你為什麼會胃痛；感冒時，醫生能開某種藥讓你馬上就會好。但你會發現，一個小小的感冒、胃痛……，可能就會有無數的成因。所以，醫生通常都會往前追溯地問你，痛多久了、什麼時候開始痛……。在開藥時，醫生也會和你說：「那我們先開這種藥，吃吃看，如果沒有效果，我們再換藥。」當你能提供給醫生的資訊越多時，醫生對於疾病的判斷才會越準確。

這次入院讓我學到的是，出院時一定要申請好病例摘要，要不然，會耽誤很多時間在等待上一次看病時的病摘。我住院一週了，聖保祿醫院的病摘還沒寄出。林口長庚醫院倒是很快，早已進入台大醫院的電腦了。

讓身體休息

2019 4 / 16

看著小杯杯裡，越來越多的藥丸，突然感覺不對勁。我不是來做止痛的嗎？為什麼會出現利尿劑，又出現軟化大便藥，又出現促進腸道蠕動藥。從三顆變七顆，又變成十多顆……。

結果是，便祕越來越嚴重，痛到要請護士手動挖肛門，還是沒能順利解決。

《生命金句》人生在迷惘時，就依循自己的直覺吧！

護士又建議使用肛門塞劑，這更不對了，以往的經驗，肛門塞劑一次增加到了六顆，也從未能對我有效過。

直接拒絕所有和止痛無關的藥，還沒等我的寧夏紅寄來，當天就已經能慢慢一點一點排便了。

幸好我一直都有在寫我的治療小筆記。藥品和保健品這東西，從來不是有吃有保佑，都應該是減法，用的越少越好，身體的免疫力才會起作用。就算是純天然的精油，我也不會每天都使用，一定會讓身體休息。

另一項我想和好友們分享的是我的牙痛紀錄。

我一進醫院就急著請醫院幫我安排拔牙，我一直懷疑，我右側脊椎的疼痛或多或少和我口腔右下方的一顆臼齒有關。

這顆牙在八個月前就開始發炎、腫脹、疼痛，但……無奈，一般牙醫不願意幫我處理，而我也抱持著，會不會等牙床的發炎反應解除了，也就不用拔牙的僥倖心態。

每當我用手去按壓這顆牙的牙床時，我的右側脊椎都會急速抽痛，發酸。今天下午終於完成了拔牙，雖然牙科醫師也對我說：「你可能會有無法止血的風險，但這顆牙是無法保住的，要有心理準備，你確定了，我才能幫你處理。」

原本無法正躺的我，在拔完牙後，可以正躺了，也就是壓到脊椎時也沒那麼痛了。光是這小小的事，就能讓我很開心。

調皮的病人 2019 4 / 17

一早自戀一下，看看自己的影片，也應要求和醫生分享分享。

之前友人和我說：「醫生不讓病人使用精油。」我就覺得奇怪，我每次住院時，醫院都大量在使用精油呀！

早上終於忍不住問了護士，結果……原來是……我住的都叫「安寧病房」，

《生命金句》與其哀嘆自己罹癌，不如轉念思索罹癌的意義。　　　　145

和「一般病房」不同。

上午大悲學院的人來看了隔壁床的三十多歲男孩，他該做的治療都做了，癌症的進展卻很快，能否出院，醫生回答不了這問題。

我們經常鼓勵那些做化療做好了的同學，但那些做了化療卻好不了的人又該怎麼辦？他該怎麼接受別人都好了、而他自己卻越來越差的身體狀況？？？

像我們這種調皮病人，本來就對醫院的恐嚇無感，死了好像也很應該，誰叫我們本來就「不乖」，但對於這種完全依靠醫院標準流程，十分相信現代醫療能救他，但癌症進展卻很快速的人來說，他要怎麼重建信仰才能活下去？？？我不知道。

剛試探性地問了醫生，我現在只要拿止痛藥回家止痛就好了，也沒有要做其他治療，可以出院了嗎？

醫生沒被我騙到，說：「還沒……。」

宜璇的胡思隨筆 ─────────

陪床

在安寧病房送走了阿嬤，很快新的室友住進來了。一位年紀不大的男性，我都私下叫他男孩，母親一路陪伴他走過化療到住進安寧病房。

他的母親一臉不可置信地看著我：「你居然可以不需要陪床」。對呀！

　　　《生命金句》越生病就應該把注意力放在自己以外的地方。

做化療的好處有一項是「情緒穩定」，聽護士說，做了化療在無意識間會不自覺地發脾氣，再加上他的化療似乎效果不好，人工血管又經常阻塞，說話都口齒不清了，更別說是下床走路了。

總之，我很幸運，我想的是，要保持肌力，盡量自己上廁所、買飯、做些力所能及的事。說也好笑，今天居然來了二位復健師帶著我做復健，是因為我太想好了嗎？

不過新的病房室友也不好相處，我知道這男孩有憂鬱症，需要把電視開的很大聲才好入睡，但我……沒有憂鬱症呀！這男孩的阿姨也和他說了：「乖，不要吵到別人，你開小聲點。」但他似乎聽不進去。念在他剛罹癌心情不好，是不應該和他計較，但這也影響了我的休息。這……該怎麼辦呢？

保護

2019 4 / 18

昨天做手工藝時，志工和我說：「沒關係，你比我們的女兒還小，在醫院，我們就是你的媽媽，我們會保護你。」

雖然我的媽媽沒來醫院看我，但我有好多好多的志工媽媽照顧我。好感動，要來好好吃飯，增加熱量。

地震來了，手機響起，護士志工開始移動喊叫。然後，我繼續用手機編寫丁香精油的功效。

「你不怕喔！」志工問。

怕，但我，站又站不穩，跑出去反而會被來往的人撞倒，既然如此，一動不如一靜，你們躲你們的，我繼續完成手邊的工作。

宜璇的胡思隨筆 —————

化療

我從不建議別人做不做化療，所以每次有人問起，你是怎麼維持到今天
的，我都打哈哈。因為我雖然沒那麼快死，也不像有些做了化療的人這
麼痛苦，但我也沒好。所謂是非成敗論英雄，我沒好，就代表我也沒有
比較高明。

不過，確實是會比起做了化療又復發，再做化療再復發的病人心態上平
衡一些。「我都有依照醫生說的去做，標準的模範病人，為何我還是又
復發了？」只能說，人各有命，沒有什麼為什麼？不為什麼？

做完化療後，腫瘤沒有變小的人會比較積極去推廣別做化療；因做了化
療腫瘤消失的人也會比較積極去推廣要做化療。對我來說，身邊這樣的
人各佔了一半。總之，這是個很公平的疾病，不會因為你有
錢就能活得久，也不會因你沒錢就很快死去。

　　前二天小夏和小喵來醫院看我，十多年過去了，她們倆看起來還是像大學生，沒什麼改變，雖然其中一位已為人妻啦！好開心和妳們一起聊天。尤其小夏的文筆好好，把我們的出遊學習也描寫的這麼有畫面，這麼美好。等我身體再調整好一些，再一起約喝咖啡喔！

　　太高興了，結果都忘了和好友分享檢查結果：

　　1. 肝臟全是腫瘤，但肝功能和常人無差異。

　　2. 中醫說的腎氣低到不能再低，但腎功能檢查結果和常人無異。

　　3. 此外，體溫、心跳、血壓等一切正常。

　　4. 止痛藥已調整到合適的劑量。

　　最後，還是不能出院。是因為要再確定疼痛的原因是車禍？是骨癌？還是其他。然後，再讓腫瘤科重新評估化、放療還是其他療法的可行性。

　　醫生說：「妳實在很厲害，妳的肝轉移、骨轉移，早已超過醫學上的統計存活率好……多……年，而且目前檢查結果，和常人無異。」

> **今日備註**
> 腫瘤科醫生來通知 22 號要做斷層掃描，我就知道，又是一場化療與否的攻防戰要開打了。

《生命金句》每個人的際遇不同，得到的答案，就不一樣。

胃口，每天增一點

可以了解病人在飲食上的痛苦：

1. 吃不下。

2. 有了胃口，點了餐吃不到幾口又吃不下。

3. 如果再遇到假借佛教名義的正義魔人在旁邊一直碎碎唸：「吃不完造孽喔！太浪費了！」真的會想，我吃不下已經很痛苦了，還要讓你精神糟蹋，真不如直接餓死算了。

4. 減肥很容易，增重真得很難。久沒吃足量，喉嚨退化，根本吞不下青菜、金針菇這種高纖維的東西，會噎到吐。所以我會從生魚片開始吃，就是因為滑滑的，很好吞。)

5. 胃口是要慢慢培養，今天兩口，明天三口，後天四口……，每天增加一點點，不要夢想一步登天。

關於【我的食療筆記】，
可掃描以下 QRCODE 看更多資訊：

《生命金句》簡單，就是幸福。

宜璇的胡思隨筆 ————

做點自己能力所及的就好

我要學習，如何去愛♡。學會包容、不批評、不論斷、接納個別差異和不同信仰理念，從不同的角色換位思考。

其實我是很喜歡安寧療護的，不必再去想著如何和時間賽跑求生存，不必再去叫自己努力加油和癌症做抗爭，不忌諱談論死亡⋯⋯。

安心地靜養，讓自己不痛，做點自己力所能及的事就好。

對自己的身體負責

2019 4 / 20

　　每個人的際遇不同，得到的答案，就不一樣。你說誰對誰錯呢？沒有對錯。

　　我現在在安寧病房，除了我，其他全是依照醫院化、放療流程走完的病人。目前的室友是肝癌病患，才罹癌一年就因為化療讓他的癌細胞快速擴散，目前已無法再承受任何化療藥物，只能停止化療，觀察。

　　有時我在想：如果做化療，不會加劇我現在的生活困境，不是不可以考慮。

　　但首先，我可沒有媽媽、阿姨和老公能照顧我喔！至少也要先等我賺了錢能請上一個月四萬多與台大醫院長期配合的看護再說吧！而這個計算基礎，還不包括每月一萬五元的伙食費，以及其他開銷費五千元，總計六萬五。而

這六萬五是讓我住在醫院，無需付房租費的最低開銷。如果還要付房租，台北至少也要一萬五吧！

我不知道有多少人能從安寧病房出院，總之，我今天就會轉到腫瘤病房了，也算是從安寧病房出院吧！腫瘤科醫生已來找我談過，想讓我接受化療，他說：「因為你從來沒做過化療，還能保持到現在，我們覺的你的痊癒希望很大。」（這話，雖然我還沒完全聽懂是什麼意思？？？總之，怪怪的。）

隔壁床室友的保健品黃牛又來了，一進病房就說：「我給你帶仙丹來了。保你一定會好。」下一句：「這不是藥，這是食品，吃多少都沒問題，吃越多好的越快。」（完全直銷口吻）。直銷就是被你們這種人給搞壞的，別再騙人了。

第三句：「我特地拜託朋友去日本買的，很貴，你一定要吃不要浪費。」

病房室友問：「那上面為什麼寫台灣製造？」

我在旁邊聽到都想喊：「來人呀！給我拖出去 .....。」

我心裡這麼想：「誰敢再跟我講試那個試這個，我就跟你絕交。今天萬一怎麼了，是我要負起全責，你可以嗎？」但我並不會這麼嚴厲地說出口啦！

我會申明：

1. 我不會付錢買，但我可以代言。

2. 你要制定好一套方案，讓我知道癌症的變化，指數是上升還是下降，你的保健品是否真實對我有效。

如果你連最基本的功課都不做，只想靠一張嘴皮就想讓我當自掏腰包的白老鼠，我又不傻，那是不可能的。因為我要對自己的身體負責呀！

　　　《生命金句》請不要對生命絕望，否則當奇蹟來了，也不可能佇留。

太多疾病與腸道有關

肝性腦病變（Hepatic encephalopathy；HE）是一種因肝衰竭引發思維混淆、意識下降和昏迷的疾病，成因：氨假說（腸道有關）、肝衰竭（肝臟無法清除血液中的有毒代謝產物）等。

每天和醫生學一點知識。個人見解（大白話）：想養肝，排便 --> 睡眠 --> 飲食（按重要性排列），就是這麼重要。之前有人和我說，便祕，有這麼嚴重嗎？還需要花錢去吃燕窩。就是這麼重要，太多疾病，你想都沒想到的都和腸道有關。

宜璇的胡思隨筆

親情間的情緒索取，好可怕！

有一天早上，我看見隔壁病床的媽媽和心理醫生聊了很久。

她說：「我一直問兒子：你為什麼會得這種病？但兒子卻什麼也不肯說......。」

《生命金句》面對癌末，要換個角度去慢慢接受現實，就沒有那麼可怕。

她覺得：她兒子的病和婆婆對她不好有關。一直以來，婆婆都對她挑三撿四，她似乎再努力，也得不到婆婆婆的一句認同，她一直生活的很苦，也很痛苦。她的不開心，也影響到兒子的成長、求學與後來的工作，甚至得了「這種病」。

但是，我回頭看看這個安寧病房的室有：三十七歲，是男孩？還是男人？是的，突然間的罹癌，是會讓很多人驚慌失措。但大半夜的，有需要一個小時就要把媽媽叫起來三次嗎？上廁所，這可以理解，但更多時候把媽媽叫起床，只是為了想和母親聊天。

「媽，你坐，我有事想和你說一說。我生病後，一直麻煩妳，但我沒有辦法，我自己已經不是我自己了，我不知道自己在說什麼。」

母親：「你不要再說了，每天一直說、一直說，同樣的事一直說。我要伺候你，還要聽你一直說，我快垮了。你趕快睡覺……。」

不到十分鐘，兒子又搖鈴把母親叫醒：「媽，我有事要和你說。」

那個鈴是怎麼回事？他母親上個廁所、去買個飯，大男孩就狂按護士鈴找媽媽，搞到護士沒辦法，只好找來一個鈴，讓他把母親搖回來。

二兒子也因為哥的病，快要和老婆離婚。

有一次聽到他們兄弟間的對話（沒辦法，病房那麼大，不可能聽不見）：

病人哥哥：弟，我想和你聊下，我生病後什麼都要靠別人，媽和阿姨都快受不了了，覺都睡不好。

弟弟：你不要這樣想，事情都這樣了。

病人哥哥：你今天留下來陪我，讓媽休息一天，看護七點就來。(話語剛落，B 的手機響起是 B 老婆來電。)

弟弟開成擴音，老婆在電話問：你什麼時候回來，六點要接小孩，你都

《生命金句》我不再渴求對方，而是主動成為自己人生幸福的負責人。

只顧你哥,小孩是誰要去接?

身為弟弟的二兒子主張請看護。短短四天,換了三位看護,外籍的一千六百元一天,國語不好,病人哥哥不要,說看護聽不懂他在說什麼;來了一位嫁來台灣的中國籍看護,國台語都很溜,病人哥哥也很滿意,但嫌太貴二千二百元一天,又不要。向醫院要求要找一千六百元一天,本籍的。(唉!這行情根本沒有辦法,好嗎?)

最後二兒子說:錢他來想辦法,但一定要請人來顧,不然大男孩沒走,母親已經先走了。

好了,第三位看護來了,這位大男孩開始耍起個性,搞到人家只做了三個小時,連車馬費都不要,就走了。

在護士的召集下,開了個家庭會議。

志工問:「你生病都是誰在陪你。」

大男孩說:「有請看護。」

二兒子說:「你從生病第一天就是媽在照顧你,哪有什麼看護。」

最後,母親還是把責任一肩挑下:「我知道你就是要我陪,你就是故意把看護叫走的。」

好可怕的索取,把人完全掏空的索取。

重大決定

心咚咚跳～～～感覺要做重大決定了！！！

簡單，就是幸福

四天了，每天醫生來來去去，就是轉不進腫瘤病房（本來預計要出院的病人，突然間無法出院），也就意味，只能在安寧病房等。

依我這三週所聞所見，真得，不是我不想做化療，實在是，大多數的化療病人也太慘了，能熬過的也就算了。熬不過的，就像現在的室友，化療做一半，癌症急速擴散，一天比一天差，現在連下床都完全沒辦法了，化療藥幾乎破壞了他的所有系統。真的，只能等死，而且是很痛苦的等，嗎啡藥加多強都沒用的。室友的化療，並非是在這邊做的，是在面對化療無效後轉進來的。如果沒有化療，他至少還能走路吧，也不會在短短一年內就要面對然如其來的死亡。

搬家了，搬到 6A01-3，終於可以如期做腫瘤的檢查了。而且是有窗戶的喔！太棒了！！

原本的腫瘤病人好像去了安寧病房。所以我進新病房的第一件事，拿出淨化空氣神器，先來淨化下磁場和空氣。

人生注定是有些遺憾的

看到我們團隊在加拿大的北極光黑雲杉農場學習精油知識，我也好想去喔！就算我的業績做上去了，我的身體也坐不了這麼久的飛機，我的人生注定是有些遺憾的。

《生命金句》當女漢子的下場就是，活該默默扛下一切。

在做個事業之前，我就知道，旅遊我是去不了的，被動收入我或許也花不到多少（做越久、團隊越大、領越多）。

在我走之後，我會把我的組織留給協會，讓協會能有一筆永續經營的資本，能幫助更多的人。而我也可以在離世之前，為自己的醫療費、生活費、看護費做一些努力，更重要的是，我有一個目標來做自己喜歡的事，不光只是呆坐在醫院等死。

下午牧師來巡房，問我：「人家都是腫瘤轉安寧，妳這麼厲害從安寧轉到腫瘤？」

我隨口說了：「對呀！明天好了，要出院回家了。」

牧師問：「真的？假的？你這麼棒。」

我對上帝說謊了，我忘了是在和牧師說話……（隨口亂說）。

人體試藥機 2019 4 / 25

新來了一位退休教師室友，因為泌尿道感染昏倒入院，想起我的母親，也總是為泌尿道反反覆覆感染而困擾，老太太因為病菌，偶爾會神智不清，沒想到這個在女性間常見的疾病會到這麼嚴重。

我自己這二天，做完了斷層掃描，整個人幾乎都在昏睡中度過，也完全沒有進食。直到今天早上才有體力坐起來，幫自己調製排輻射和排腎臟毒素精油。連護理人員都說，「你身體對藥物很敏感。」

昨天有一針「降鈣針」，問了護士有無副作用，護士看了看說，沒有。結果，才剛打完，喉嚨一陣涼一陣熱，就吐了。通報住院醫生後，醫生也覺得奇怪，很少有遇到這針有此反應。下午，住院醫生說：「我們翻了書，書上寫是有病患會有這樣反應。」是吧！可以證明我真的對藥比較敏感，人體試藥機。

宜璇的健康筆記

排輻射、腎臟排毒精油的配方

一、排輻射精油：

1.Melrose 駐容精油：互生葉白千層、五脈白千層（綠花白千層）可防止環境污染與日常接觸到的潛在輻射傷害。

2.Endoflex 安內：增強甲狀腺，改善內分泌系統。

　　(i) 香桃木精油：可促進與改善甲狀腺健康、血液循環，增強新陳代謝，促進身體產生消化酶。

　　(ii) 天竺葵精油：具有脂類物質，法國書刊做為全面滋補藥品。增強甲狀腺攝取食物中碘的功能。

3.Citrus fresh 優橘精油：幫助身體吸收維他命 C。（成人：20D 加入膠囊，每次 1 ～ 2 粒，每天 1 ～ 3 次）

4.**單方：**乳香、愛達荷州香脂冷杉、藍絲柏、皇家夏威夷檀香、牛膝草、牛至、茶樹、綠花白千層。

《生命金句》每天和醫生學一點知識，久病也會成良醫。

> **二、腎臟排毒精油:**
>
> 1. 單方:葡萄柚、檸檬、天竺葵、杜松。
> 2. 複方:弭化、優橘。
> 3. 腎臟排毒特調:6D 德國洋甘橘、6D 杜松、2D 茴香。

命運請給我來個痛快吧

2019 4 / 26

一早哭了,說我不要排這麼多檢查,好累。

醫生說:「你不用累呀!我們幫你推去檢查再推回來。」

我說:「我心累,沒有準備好……。」

醫生:「你有要準備什麼嗎?」眼角看到醫生有在偷笑……

雖然我也講不出來我到底要準備什麼?但……就是好累,累到吃不下飯,幹嘛笑我……

無法下床、清醒的時間越來越少、肝腫脹、疼痛、呼吸有點力不從心……

但麻煩的是,胃口還行,一天能吃下大半個便當,體重一直維持在 47.5 公斤。別玩我呀!命運從來不給我來個痛快,我都準備好了,來吧!

聽淑華說,她的一位姊姊也是乳癌,沒做化療,有一天她說:「我有點累。」就這樣離世了。我每次覺得好累時,也都抱著或許會這樣離開的想法,很平靜的睡著。結果,卻每一次都期待落空,睜開眼我還在。我應該要改名女唐僧,要歷經九九八十一個劫難,累……。

《生命金句》有些事再不做,你就永遠不能做了。　　　　　159

宜璇的胡思隨筆 ———————

彌留之二三事

總結以往二次瀕死經驗，彌留之際要做的事：

1 飛出去後，就頭也不回的往前進，不要再飛一半又想東想西，會被叫回來。

2 飛出去後如果想回來，一定要記得告訴自己，對自己說：
「我已經把腫瘤給帶離身體了。」

生命的意義、目的

2019 4 / 27

今天早上毫無疑問的又睜開了眼睛，開啟艱難的一天。我這二天一直在想，我到底是為了什麼，總是無法功德圓滿？該做的我都做了，該放下的我也都放下了，問題在哪？實在想不明白。想的快睡著時手機響起……

又是 X 主席的來電（來電顯示的是國民黨管家），TMD，我的生命任務該不會是：「生命的意義，是創造其宇宙繼起的生命。生活的目的，在增進我人類全體的生活。」一響驚醒夢中人，太可怕啦！

　　《生命金句》學會包容、不批評、不論斷、接納個別差異和不同信仰理念。

放射定位

今天去做放射定位，緊張到……我怕怕……。

飲食出了什麼問題

在醫院裡，經常會聽到營養師在和血糖患者溝通飲食問題，我都會不小心想偷笑：「我都不吃甜食，米飯我也吃不多，真不知我怎麼會有高血糖？」事實上，我明明看見她早餐吃牛奶＋蘿蔔糕＋香蕉；午、晚餐吃下整個便當；中間一直大量吃水果和餅干當零食。

1. 吃蘇打餅干不甜，仍然是甜食。

2. 蔬菜可以取代水果，但水果不可取代蔬菜，水果可以視同甜食。

3. 香蕉，澱粉含量非常高，根本可以當成主食，而每一餐主食的量（地瓜、米飯、五穀根莖、麵食）加起來，只能是小半碗。

基本上，她所有吃的，澱粉量根本完全超標，當然會有高血糖，但當事人卻感覺都沒吃甜食呀！暈……

有圖有真相，請把自己的一日三餐拍下來，再來和營養師討論自己的飲食到底出了什麼問題吧。

宜璇的胡思隨筆 ─────────

醫院裡的人生戲碼

醫院,真的是一個永不落幕的大舞台,每個地方每個時間都有不同的人生戲碼在演出。

人生戲碼 1／生兒子或女兒,哪一個幸福?

像我下午,剛轉到腫瘤病房,就聽到二位吱吱喳喳的小麻雀在教訓老爸:「你對媽好一點,你也不想想你生病是誰在照顧你?你說媽沒盡心,你知不知道,你每次吃完飯是誰在幫你做資源回收,媽不在,我們連資源回收桶在哪裡都找不到。」

「也要對我們體諒一點,因為我們是你的金主,你一通電話我們就立刻趕來醫院陪你。」

還真的是,在現今社會,生個兒子,兒子是別人家女兒的靠山,想經常陪伴醫院很困難;生女兒多好,又體貼、調解父母親間的矛盾、撒嬌做父親的小情人、女兒常在醫院陪伴,這女婿不也就經常出現,至少也要把老婆給接回家吧!白居易的《長恨歌》「生女勿悲酸,生男勿喜歡」、「男不封侯女作妃,看女卻為門上楣。」

有二個女兒的父親,真的好幸福喔!

《生命金句》不喜歡你的人,你做得越好越看不上你,所以別討好。

人生戲碼 2／共識和目標

隔壁床的太太總是眉頭深鎖，丈夫和家人抱怨她沒有盡心照顧好他，丈夫的家人也就理所當然地批評她不是個好妻子。

早上女兒們來了，老爸開心的話變多了，還哼起歌來，相比較晚上夫妻相對卻無話可說，妻子偶然地問候，丈夫也當做完全沒聽到。

妻子和我聊起天來，我把我的抗癌故事簡短地說了，也說了一些鼓勵的話：「這世界上真的有奇蹟，就在我的學生中，在我身邊的人之中。所以，不要對生命絕望，太過的悲傷，當奇蹟來了，也不可能在我們身上佇留。」

丈夫聽完了，突然哭了起來，他訴說心中的害怕，訴說對妻子的不滿：「我都快死了，她什麼都不給我吃，不准我吃甜食，不准我喝飲料，我連吃一點甜食的自由都沒有嗎？」（原來，丈夫有糖尿病，太太為了他好嚴格掌控他的飲食。

於是今天早上，在住院醫生和護士的主持下，我們討論出一個折中的方法，一週有二天，丈夫想吃什麼就吃什麼，其他五天就還是做生酮飲食來控制血糖。沒想到我的營養師身份，還可以發揮一些些作用。

妻子說：「和妳聊完後，感覺心裡的壓力放下了很多，也不再這麼恐懼。」

面對癌末，只要不要想著完了，我沒希望了。而是換個角度去慢慢接受現實，就知道其實並沒有那麼可怕。

他們決定一方面針對肝和攝護腺做進一步的治療，對其他的轉移做緩和止痛治療，全家人有了一致的共識和目標。

人生戲碼 3／強勢

反觀另一張隔壁床，陪床的是一位父親，看起來和我父親是同時代的人，退休後的生活無非就是散散步，玩點股票。

小女兒，該怎麼說呢？很強勢吧！父女一見面，女兒就開始和父親「算帳」：「你知道媽住院要花多少錢嗎？現在家裡沒在上班的就只有你，所以你要來顧媽。不要指望我和姊姊，我們都要上班……。」

不一回，她又拿出單據：「你不要搞得我們倆都沒工作，公司是不可以一直請假的，你看，我們還有貸款要還。」

父親回說：「好了，別再說了。我們就是白手起家，從什麼都沒有開始，照顧你媽的費用，把房子賣了，我們換有電梯的大樓租房子住。這樣，你媽也可以不要爬樓梯。你媽在急診室也是我在顧，那我就繼續顧好了，你不用管了。」

晚上，女兒一通電話打來：「我和姊決定了，把老家的雜物全都清掉，你和媽不要有意見。賣什麼房子，賣了房還要花錢租房，租房等於把錢白送給別人。買新房，你買得起嗎？不賣。」

母親現在坐輪椅，走路並不方便，電梯大樓應該更適合輪椅進出吧！不過，這都不是重點，家裡有個強勢的人，真挺可怕的。

《生命金句》每個人都要對自己的身體負責。

生命第六章　〈五月〉

似乎我還是看得到
今年的夏天

—

—

領到四月的醫院結帳單，
總計，一百二十四元。耶！我付的起說。
為什麼大醫院可以這麼便宜呀！
這樣我可以安心，吃好一點點。

活得舒服些，比什麼都重要

————

高人奇事

友人有心臟病，雙腿都已烏黑，醫生說：「只有換心一途。」換失敗當場失去生命；換成功也只有五年可活。據高人說，他有一方法，施行一次即可痊癒。

不知我的骨轉移是否也能一次成功，高人說：「妳的問題比較嚴重……。」台灣高人真多，有無奇效就不知了。

> **今日備註**
> 五一勞動節，醫院志工也沒休息的來服務病人，好感動。
> 中午有加料，在米飯中加了松露，哈哈……超高級料理，有口福。

請幫我集氣

下午，要去做骨掃描，又要打顯影劑。上週打完，腎功能下降，昏睡了二天，真得非常非常不想做，但醫院就說一定必須做，好煩呀！

早上起床先用寧夏紅枸杞補一下，但怎麼補也趕不上西醫化學藥劑的破壞，心情不好。請好友們大約下午一點半至兩點幫我集氣，幫助我保護我的

　　　　　　　　　　《生命金句》罹癌後才學到「放下」。

腎臟，感恩。

　　過了今天，明天重頭戲來啦！十天的連續放療，要挺住……。讓我可以不要太快癱瘓，能控制大小便、走個幾步路等，盡量能生活自理。

　　上帝、阿拉、觀音和我最愛的太陽公公，都要保護我喔！

週一，再接再厲

2019 5 / 3

　　我知道，放療不痛、不癢，而且只有做十次，副作用只有多喝水。但我還是好害怕，昨天做完第一次，週六、日休息，下週一再接再厲。

　　許醫生一直和我說放療和化療不一樣，它只是局部作用，並且以現在的定位很精準，並不會大範圍影響到其他器官，副作用是非常少的。

　　進醫院以來，只有在安寧病房覺得安心，一轉到腫瘤病房就開始一直安排各種檢查，神經緊張，每天嘔吐頭暈，要不是這次的骨痛我實在自己處理不了，不然我早又逃出醫院啦！

罹癌後才學到「放下」

2019 5 / 4

　　好友們還是沒懂，我來醫院的目的，不是來治療癌症，而是來止痛。不管

是吃藥還是放療，目的都只在緩解疼痛，醫生也和我說了，如果放療仍然有限，還有第三種手段，只是，就必須要做侵入性治療啦！

剛剛看到很有感觸的 PO 文，我也是在罹癌後才學到放下（學到，但沒完全學會），所以，我沒有一般人在面對自己罹癌時「為什麼是我」、「不可能」、「難以接受」等一連串的反應。

我只是一直在思考「人生的意義」到底是什麼？我才四十三歲，但我的生命歷練可以說是非常的一波三折，我沒有太多的抱怨，只是平心靜氣接受這命運的一波波挑釁。雖然至今我也不明白，老天爺到底是要我幹嘛？？？

醫生問我：有沒有想了解的？我說：「我很想問我什麼時候會死，這關乎我想做什麼樣的治療。」但我知道，問了也沒有答案。

意念驚人   2019 5 / 5

人的意念真得很驚人！！！

今早看到被宣判要換心的心臟病友人精神還不錯，他感覺高人的治療很有效，通體舒暢，已從林口長庚辦理出院，準備這幾日要飛往香港談生意。

高人說：「老化是疾病，人，至少可以活到一百五十歲，我的膏藥經陽明醫學院教授動物實驗是屬於『細胞活化』。」問：「為何會有這些藥？」高人說：「是為了自救，在救回自己的性命後，開始幫助別人，很多被醫生判死的友人就這樣被救回。」

這類的故事，我們時有耳聞，天下之大，無奇不有。好了就好了，這才是我們要的結果，何必深究？反正科學之於人類，也不過九牛一毛，這世界太多是屬於科學所未知的範圍。

買飯時，看見急診室外，排到占據走道二側的病床，會和自己說：「別想太多，人各有命，就當做什麼也沒看見，就這樣走過去就好。」

《生命金句》精油真得對失眠很有效，是可幫助細胞修復的天然產品。

活得舒服一些些

兩位在腫瘤病房的室友都在準備出院後的事情了,為了讓家人有更好的照顧,一位要搬到高雄,另一位則準備想回去上班。

按台大醫院的住院期限規定,如果是需要比較長時間觀察的一般就是二十天。但都是聽別人問來的,沒有醫生和我談過出院的事。醫生只和我說,十天放療結束後會轉回安寧病房。

針對化療這件事,台大醫院也不像其他醫院會勸我一定要積極治療,反而和我說:「醫生也評估過你的身體狀況,很可能撐不住化療藥劑,既然你想選擇好的生存品質,而不是延長壽命,醫院會配合你的選擇。」讓我能活的舒服一些些。

真心覺得台大醫院的各方面醫療品質都很不錯,前幾天因為檢查的事,身體和心理沒調適好,早上躲在棉被哭,住院醫生每天都來溝通好幾次不說,安寧病房那邊的護理師還帶了精油和精油洞悉卡陪我玩牌,志工媽媽也來安慰我、幫我洗澡、帶中餐給我。醫院的師父和牧師也常來講講故事,唸阿彌陀佛和做禱告。感恩,所有人對我的照顧。

《生命金句》我知道我們彼此都早已準備好了會「分離」的這件事。　　　169

隨緣到

我真的是非常「隨緣」的人，隨緣到我如果是高人，應該是不會很想理我才對。

一早九點鐘，高人就帶著他的夫人和藥膏出現在病床旁邊，一直和我交流到下午一點，中間又把我心臟病的友人 call 來醫院向我現身說法。看到友人輕鬆的走進來，聲音還很洪亮，還真是有嚇到，前二天，他真的是躺在林口長庚醫院做要不要換心的抉擇。

今天是和高人的第二次見面，上一次見面，我用了藥膏塗在脹氣的肚子上，很快就排了氣，也塗在了脊椎上，但覺得好冷，所以就沒有很認真繼續使用。今天高人和我說，我是因為止痛藥過於寒冷，在排寒氣才會覺得冷。我是不是該認真點，人家都把藥送到病床前了，也和我說了，不要想錢的事，他不會和我收取任何費用，只要用完了，和他說他就再送來。

沈宜璇，你認真點，別人都還比我自己關心我的生命說……。

今日備註

只要用了和細胞活化相關的產品，就會狂睡。使用精油是這樣，高人帶來的藥膏也是一樣，睡到十一點半，還是非常想睡。

等一下兩點鐘要去放療，先吃點東西，做完放療再來繼續睡。

第一次睡到超級爽的，是使用乳香精油。

所以，我再怎麼痛或不舒服，就是調配精油給它用下去，完全沒有失眠的困擾。

大家可以試試看，精油真得對失眠很有效，是可幫助細胞修復的天然產品。

黑雲杉純露

等一下又要推去放療啦！住院期間，師父很照顧我，牧師也很照顧我，我

也在想，在我最害怕的時候我會喊誰的名字。結果事到臨頭，我喊的是：「上帝、阿拉、佛祖請保佑我……。」

剛剛完成第三次放療，是有效果的。第一次做完就有明顯感受到疼痛有改善。只是當脊椎沒那麼痛了之後，才感覺到二側的肋骨也很痛。

感謝 Vidya 老師從加拿大帶回的黑雲杉純露，這幾天使用後能明顯感受到它與我身體的共振，和給予我支持的力量，很舒服很舒服。

和高人的膏藥相比較，我更喜歡黑雲杉純露＋黑雲杉精油帶給我的感受。

把狀況調整到好一點 2019 5 / 8

昨天用的貼在口腔內的止痛藥，有止痛有效不說，還有一種讓人輕飄飄在雲端上的感覺，有一點舒服，但早上起床後，又會有點頭疼還有心情怪怪的，說不上來……等下問問醫生，那是什麼成份？

我想要把自己調整到一個比較好的狀況，可以寫書，可以寫一些文章。

但實際情況，每天在 FB 的 PO 文就幾乎是我一天中能做的所有事情了。

壓力釋放的哭哭 2019 5 / 10

一早醫生和第一床的室友說：「你只是膽道比較大，其他的，查不出有什麼問題。」她哭了，擔心了一整個星期，睡不下也吃不好，終於查不出有什麼大的問題，所有的壓力釋放了，可以出院了。

但當心理醫師問我時，換我哭了。他問：「放療做完後要去哪？要回桃園？還是留在台北？」

我回答：「我想過這個問題，但我不知道。」說完哭了好久……我真的不知道我能去哪裡？

《生命金句》上帝就是來不斷考驗我，我也只能正面回應，我可以的。 171

住院逾一個月了

醫院送來母親節之花，也做了繪畫治療，雖然藝術治療師說我的內心仍處於律動、流動的狀態，是內心非常健康的安寧病人。

但，不知是否是嗎啡藥物影響，我還是什麼都不想做，沒有任何動力。安寧病人到底要抱著什麼樣的心態「活下去」，樂觀、對未來充滿夢想……，這……現實嗎？

已經超過一個月了，還沒法出院。第一次住院住這麼久……。已經無法做到生活自理，看來，必須要來適應新的生活型態。有考慮，直接游走住遍各大醫院做安寧照顧。

身體越來越差，但精神還不錯，這很令人困擾耶！我好無奈！！！！

準備好「分離」

護理師問我：「想媽媽、想女兒嗎？」

在準備好生後世之後，一年比一年沒有這些心情上的起伏了，我知道我們彼此都早已準備好了會「分離」的這件事。

緣起緣滅，雲淡風清。

我可以的

今天只能為自己打氣：我可以的。

《生命金句》養生之道無他，吃好、睡好、排便好是最基本的基本功。

止痛藥黑暗期

三天的止痛藥調整黑暗期，不想說話、不想笑、不想哭……，這期間只能不斷嘔吐。

對藥物敏感的人來說，藥的劑量真是令人頭痛，我累、醫生也累。

狀況很不好

狀況很不好，院方已通知父母及配偶要處理後續問題，首先還是必須請看護。此外，大體捐贈因配偶不同意，也無法達成心願，不過身後事，配偶說他會處理，醫院讓我別擔心這件事。

女兒來了

女兒來醫院看我，我忍不住哭了，反而小孩還比較堅強。

小孩曬的黑黑的，長壯了，手臂有了肌肉，說爸爸每天煮牛肉給她吃。感謝小寶貝的父親，把孩子照顧得很好，感謝

今日友人來探訪，應該會覺得我精神還不錯！同房室友從一早就開始餵食我吃東西。雖然吃不多，但我居然吃了三餐。

多嚇人，我已經有一年半，從二天一餐到最多到一日二餐，可見，有人餵食，還是有差。看來還是要有看護張羅食物才行。(昨日體重 41 公斤)

《生命金句》心靈的傷身體會記住。

宜璇的胡思隨筆 ——————

從急診室搬進腫瘤病房的新室友

新室友人好好,她是食指發炎,血液中有病毒,明後天就能出院了。一直擔心我半夜吐會吵醒到她,她說:「不會,她很好睡」。
主治醫生說:「她從急診室搬進病房,已經像從難民營直接入住飯店!所以好睡。」
睡覺前,想到急診室大廳,想到這世上還有這麼多的苦難和病痛?不由的掉下眼淚,阿彌陀佛,願世人皆能遠離病痛煩惱,一生健康、平安、喜樂。

回安寧病房

2019 5 / 20

搬回台大醫院安寧病房。

想吃熱騰騰小籠包

2019 5 / 20

太想吃小籠包,用 APP 點菜,送來小籠包,只可惜是冷的。但還是好吃,五小顆,剛剛好⋯⋯。

《生命金句》把眼前、當下該做的事做好最重要。

轉 PO 許醫生的文字：

年過七十，生死早已置之度外，經常得知同學、同事，親友的死訊，台灣每年有四萬六千人死於癌症，人體每天有幾千億細胞死亡與再生，生生死死根本就在我們身邊，生不帶來，死不帶去，我早已處理了身後之事，罹癌之體無法捐作大體解剖，但可以作病理解剖。我曾經聯絡德國一家專做屍體塑化的公司，希望死後塑化供人欣賞。我只希望老天再給我幾年時間寫完有關癌症的幾本書，人生就走完。

用生命說故事

安寧病房的每位病友，都在用自己的生命，訴說著故事～～～

同房的病友第一天住進醫院，就聽著她用很悲切的口吻在和老公、兒子交待家裡的存折簿。哪個銀行有多少存款，這是要給兒子創業的，哪家是用來給女兒讀書的，哪家又是要留給老公養老的。總之，在她住進我隔壁的第一天我就已經完全清楚他們家的資產分配……。

慢慢在聊天過程中得知，她因為身體不再合適做化療所以出院，在出院第二天搭上計程車時，調整了下屁股就大腿骨斷裂（癌症骨轉移），再次住院醫院後，她覺得看不見希望了，醫院安排的骨折開刀的復健她完全不想做，只是一直不斷和兒子、老公交待身後事。

我和她說：「姊，妳想的太多了，我一次化療都沒做過，骨轉移也好多年了，前年底還被車撞，也沒死。」她老公一聽就說：「對，對，聽說過沒做過化療，反而會活得比較久。」我說：「那你們為什麼覺得醫院讓你們不繼續做化療，就是在判妳死刑？醫院只是評估，不繼續做化療對妳的生存比較有幫助呀？」

「醫院有幫妳安排復健，也是認為你在開刀後能恢復行動力，痛是一定

痛，但能自己活動下，還是要動一下，不然肌肉萎縮就真得會行動困難了。」我再補充說。

今天，下床散步時，看到隔壁床的大姊，在床上做著舉腳運動，她和我說：「從進到醫院就覺得自己完全沒希望了，直到和我說了話後，突然覺得好像不是這樣，問了醫生，醫生也說：『休息好了，不痛了，就可以出院回家啦！』。」

這幾天胃口不錯、精神不錯，醫生來談出院的事（我就知道，我又可以出院了）。

但……這次問題大了，我下不了床，出院要怎麼辦？APP外送送到家門口，也要有人出來開門接外送吧！我暈……，我可不知能怎麼辦呀！怎麼辦？？？？

生活自理四件事：吃喝拉撒。我目前只能做到自己換尿片。吃喝，我就沒折了。

今日備註

想想，我的人生，好像也就只有「吃、喝、拉、撒」這四件事可做了。好友能懂我說的，死不了，真的是很無奈的事了嗎？？？？

人人都怕死，只有我怕生，但這世上的道理，就是怕什麼，來什麼，唉呀呀！！！！好無奈……

　　　　　《生命金句》創造因為精油把人與人的距離拉近，能讓愛傳遞。

夫妻

隔壁床的夫妻每天小吵不斷，老公一直唸：「好啦！好啦！你沒看到我在做事嗎？」

早上護理師問老婆有沒有睡好？老婆說：「因為擔心老公睡不好，整個晚上都在看丈夫有沒有好好睡覺。」

而且透過幾天的相處，我發現隔壁床的丈夫是護理師眼中的好好先生。從妻子入院做化療、出院、骨折又入院到安寧病房，全天候二十四小時相伴，沒一步離開過。

之前三不五時的小吵，真得不是在吵，而是關心和怕妻子哭泣，妻子的全部病情和護理，丈夫完全瞭若指掌，他全程介入，任何的小傷口丈夫都和醫生據理力爭要給妻子最好的照護，只要有一點破皮或新的傷口，丈夫都看的很嚴重。

妻子也完全離不開丈夫，丈夫去買個飯、去洗手間，妻子就一直唸著丈夫的名字。

大概這就是夫妻吧！吵歸吵，對方一離開就擔心不已。尤其是生病的那一方，很害怕身旁會沒人在陪伴自己。

宜璇的胡思隨筆 ─────

關於愛

♡誰愛誰多一點？

我愛我的父母、女兒、小狗……，但結婚的對象都非我所愛，而是依我所選。可見，我的直覺比起我的理性選擇，要來的聰明許多。

♡為何不依愛而選？

我所愛的都不合適進入婚姻，只適合戀愛。我喜歡聰明、能言善道、多才多藝和我一樣到過很多國家眼界開擴的男人。卻從未想過和他們結婚，因為我們太像，根本不適合婚姻。

♡婚姻 vs. 安全感

婚姻的結論是什麼？安全感又是什麼？

真的，都不會是外求得來的。在和醫院心理醫師談過之後，我可以肯定的是，比起很多人來說，雖然我的身體有疾病，但我的心靈很健康。對現在的我來說，我可以很輕鬆獨處，享受獨處，對於很多事件，會去站在對方的立場去想「前因後果」，任何看似奇葩的事，背後都有點來自他原生家庭的成因。

肉體上的苦，還可以量化，但心靈上的苦，反而容易被所有人所忽視，可能在某些人來說他內心所承受的遠遠超過我們的想像……或許吧！

　　　　《生命金句》企業所賺之錢，應取之社會而用之顧社會。

養生之道的基本功

想下床走走，卻雙腳一軟跪坐在了地上。還好手還扶在床上，沒出什麼大事。骨折－復元－復健，恐怕會是我接下來必須要反覆面對的狀況啦！

到底骨轉移會不會很快死亡，許醫生的回答令我嘆氣！！！這幾天胃口很好，營養不良是不可能，但死於劇痛……，我的老天鵝呀！我只能嘆氣呀！

所以可以先把我冷凍起來，等待醫學進步再把我解凍嗎？

稍稍哭了一下，擦乾眼淚，繼續打起精神面對明天的到來。很久沒有失眠，昨晚卻一夜未睡，只有二週時間來安排出院後該怎麼辦？第一次害怕出院，出院後我無法生活自理，連自己的吃喝拉撒都搞不定該怎麼辦？

我打算趁早上比較有體力時，先來哭一哭，宣洩下壓力，下午再來想想辦法？如果一時間想不出來，就先逃到另外一間醫院繼續再想辦法？

昨天一夜沒睡，今天可慘了，全身酸痛不已，止痛藥劑都沒效。

醫生說：「大腦雖然沒痛覺，但卻是解讀痛感的器官，睡不好、有煩惱都會影響對疼痛的解讀。」

再一次證明，養生之道無他，吃好、睡好、排便好是最基本的基本功。看看我的修為如何，就看今晚能否睡好，所以關機睡覺。

出院後的難題

我的外籍看護評分早就是通過的，但我車禍後不要說沒有固定收入了，根本是沒有收入，我無法每個月支付外勞薪水。

我自己不舒服是我的事，不可能把人申請來台灣，薪水都無法正常給到她。人家也是為了生活才來台灣做這些本地人都不願意做的工作。

我只有先在自己有了收入後，才能保障照顧我的人的薪資。我努力了，也通過了第一關的考驗，但……還沒穩定身體又出狀況，一切需要重來，而這

次我的身體情況卻更差了。

　　加油！！！既然上帝就是來不斷考驗我，我也只能正面回應，我可以的。
（雖然到底哪可以？我也不知道。）

　　出院的難題，真是一場人生的考試。生活自理困難，還是少不了一位看護，
總在醫院轉來轉去住也不好，更何況醫療資源有限，應該要讓位給比我更需
要醫療的人才對。

　　我要對自己有信心，我有能力，我可以做得更好。手上的資源有什麼？大
概就是車禍賠償款了，只是依據我們國家漫長的司法流程，這事看來大概要
三年才能變現。

　　一直依靠社會的小額募款更不現實。所謂救急不救窮，左思右想還是「授
人以魚不如授人以漁」幫別人解決問題，不如教會他解決問題的方法。短時
間內也只能先接受大家給我的幫助，然後打起精神把工作做好，以累積財
富，有朝一日再回饋給社會。

好好運用「迴生反照期」　　　　　　　　　　2019 5 / 26

　　醫生問：「妳哪裡痛？」兩側的排骨。

　　醫生：「人的叫肋骨。」哈哈⋯⋯。

　　我發現每次在生死病危後，都會有一個短暫的「迴生反照期」，這個時候
會是這一段時間以來，身體和頭腦都最靈光的時候。

　　這次一定好好要把這段時間運用起來，把我手上的二件重要事項完成，不
然在迴光返照期過後，身體機能再次垂直下降後，會是變成什麼樣，我都不
敢去想。

　　1. 出書。

　　2. 創造收入以維持基本生活。

　　我要好好努力、加油，才不會辜負所有好友給我的鼓勵與支持。把眼前、
當下該做的事做好最重要；至於以後會怎麼辦？等以後遇到了再說。

　　《生命金句》人生不能重來！所以我們永遠不知道，選擇另一條路是否更好。

宜璇的健康筆記

心靈的傷身體會記住

主治醫生蘇醫生前天巡房看到我在閱讀一本很厚的書叫《心靈的傷身體會記住》，於是好奇地問了內容。昨天，他再次來問我書裡在講什麼，我說：「這是一本很有趣的書，作者從病理學、藥理學、人類大腦和病患本身的連結來談身、心創傷這件事。」蘇醫生突然說：「你要把你的感受紀錄下來，你會給予其他人很多的幫助。」我愣了一下。

蘇醫生是這麼說的：「你和其他人很不一樣，一般在安寧病房的人不會在得知自己的生命在臨終前，能夠靜下心來去閱讀這麼厚一本的心理學書籍。妳才四十三歲，我在安寧病房這麼久，真的不多見。你一定要每天紀錄你對生命的感受，會給予我們醫療團隊和其他人很多啟發，你也要給我一份做醫療紀錄，太難得了。」原來，我每天打發時間所寫的東西，還真得能提供醫生和其他人一些用途。

《生命金句》不管在什麼情況下，都一定要適當活動一下。

過兩天，主治醫生又來巡房，我就問：「有沒有奇蹟？」

醫生：「至少在台灣的醫療體系中沒有任何一例。」

我問：「那網路上某些宗教團體傳來傳去的奇蹟是怎麼來的？有見證人，還有現身說法。」

醫生：「你相信嗎？」

我說：「不信。」

醫生：「嗯！在整個台灣，至目前奇蹟的機率是0，你自己在醫院進進出出，只要有就醫紀錄就一定會留下證據，如果有奇蹟一定新聞擴大報導，不可能只是網路傳來傳去，沒有任何就醫紀錄。」

我再問：「若我以半年做為創業期，是否太久要調整？」

醫生：「最好是當下就能完成，最長規畫一週。」

好吧！再調整下創業計畫。總之，我今天還活著，而且精神不錯。說不定，我能成為台灣史上第一例就醫紀錄完整，且有醫療證據的「奇蹟」。

一定要動一動　　　　　　　　　　2019 5 / 27

是不是我們簽字放棄治療了，醫生又說我們只剩一個月，所以都沒來理會我們？我們現在活下來了是要怎麼辦？隔壁床的丈夫，在忍了好幾天後終於忍不住問起醫生來。

唉！癌症真的不是每個人說死就死，你以為放棄治療就會死，就能解脫。還真不是，命運就是如此神奇，想死的死不了，不想死的卻……

隔壁床的太太有點糟的在於，完全躺著連動都不動一下，丈夫又過於體貼二十四小時伺候。現在要面臨出院了，卻沒一點肌力了。在他們轉來和我同

　　　　　　《生命金句》人生最大的恐懼不是死亡，而是未知。

房時，就一直提醒他們，一定要運動！一定要運動！丈夫卻一直說：「不用啦！醫生就說剩一個月，讓她開心不要痛就好，不需要動啦！」

　　這一週要安排好自己出院的事。早上一直在想要怎麼辦？半夜就哭了。

　　主治醫生說：「要好好睡覺，醫院這邊也會一起找一些資源來幫忙，至少也要有人幫忙送餐才行。」

宜璇的胡思隨筆 ─────────

無論如何都要適當活動

不管在什麼情況下，都一定要適當活動一下。腳不能動，手要動，手腳都不能動時脖子也要轉一下，連脖子都不能動時，要轉轉眼睛和吞嚥一下口水。

因為……我都經歷過，什麼都不動，沒二週你就連喝水都會嗆到，食物也就完全卡在喉嚨吞不下去。我車禍後真是從吃飯、吞嚥食物開始學……，因為我可沒人二十四小時照顧，不學習自己吃東西、喝水，就只能臥床等餓死；不想辦法下床走路，就要泡在自己的屎尿裡等著發臭……

人呀！生於憂患，死於安樂。

宜璇的胡思隨筆 ─────────

企業責任

推廣天然精油讓小朋友遠離化學物質，因為環境荷爾蒙是癌症的來源之一。願天下無癌～～活動圓滿結束，雖然我已經無法到會場參與活動，但因為精油，把人與人的距離拉近，能讓愛傳遞。

好友一直問我想做什麼？我是有我的規畫和目標，我想做社會救助這一塊，在精油事業做成熟之後，在我把自己的生活搞定後，在我離世之前，我會直接把所有的直銷收入轉為協會帳戶，用另一種形式回饋幫助過我的人，說這些還太早，我還要努力再努力才能實踐我的願望：

1. 不要只依靠別人的幫助，成為社會負擔。

2. 努力賺錢積累財富。

3. 集結社會人士，回饋社會。

在我生命的最後，我終於想通青創會前輩的話中含義：什麼是企業的責任？為了創造美好生活。

1. 誠信賺錢，照顧團隊以及員工也擁有美好生活。

2. 所賺之錢，取之社會而用之顧社會。

3. 號召社會人士，共同關懷弱勢。

《生命金句》先把人做好了，自然就能做好死後的事。

食慾

前天臉書友人 PO 了牛排照，昨天吃牛排；現在又看到友人 PO 鹹粥照，好想吃粥，等 APP 外送上班來點粥吃，突然好餓說。

長一點肉了

醫院志工說我有長一點肉回來了，趁著朋友來看我，請她幫我把精油貼和精油找出來，DIY。

幸運的我

走廊的盡頭，有一個小小的佛堂是供奉地藏王菩薩，看著菩薩時是會有一點點哭，但我卻沒有太多話想和菩薩說。因為我很幸運，有很多人支持我、關心我……，不斷地都有來自很多人給我的善意，我什麼都沒有，但又什麼都有。

謝謝您們！

水蜜桃的誘惑

隔壁床在吃水蜜桃，完了！嘴饞了。

《生命金句》人生到最後，沒有多的需求，吃飽、睡足而已。

罹癌後的首要事項

總是一直不斷有人在討論，到底做不做化療？癌症，還待醫學進步破解。很多罹癌的人還是因為這三大西醫手段，得以救治痊癒。但每個人體都是個體，因人而異，也因為人生不能重來，所以我們永遠不知道，如果我當初選擇另一條路，結果是否更好。

畢竟我自己是選擇切除，沒做化療，眼睜睜看著癌症逐漸擴散全身。

但這次在安寧病房的室友，全是原本二期，做化療做到後半段直接轉移成四期，然後就進了安寧病房。病患本人都沒有任何求生意志，哀傷嘆氣：「我好痛苦，為什麼不讓我死？」

剛得知罹癌沒多久，心理原本就沒平復＋做化療的各種痛苦＋被宣告轉移化療無效，試想誰能接受？

我真心覺得，除非是進展很快的癌症，不然罹癌後首先應該要先做好心理輔導，讓病人確切得知手術、化放療的各種副作用和風險，而不是直接就送進手術室，讓患者誤以為，只要聽醫生的話乖乖配合治療就萬無一失。

《生命金句》放下主觀，我們就能收獲美好。

生命第七章　〈六月〉

生命非常頑強，
我要繼續寫下去

———

生命，是無常的。
想做什麼就去做，不要只寄希望於未來。
但，我到底是還有什麼事沒完成呀？？？

生命，不在於長短，在於精彩

優雅的生活

2019 6 / 1

現在的自己好憔悴喔！在安寧病房，我還是閱讀、寫作、玩香氛精油……，在任何環境下，我基本上還是過著很優雅的生活。

迷茫未來

2019 6 / 2

心，還是不夠平靜，反應在睡眠上，沒辦法很快入睡。一方面覺得自己還有很長的日子要活著，一方面又挫著等待下一波身體的再次垮台。

這種對未來的不確定感，好煎熬，也代表自己的修為還不夠，但我只是凡人，要求有這麼高的修為要幹嘛呢？？？

這次腹水消的很慢，或許是止痛藥物＋放療嘔吐無法進食，營養不良的結果。

還是堅持不抽腹水，不抽肺積水，靠身體自癒力消掉，雖然多花了一個月的時間（以往只需三天）。

用身體證明給醫生看，一般腹水嚴重的三、五天就需要來醫院抽一次，這對很不喜歡跑醫院的我而言，三、五天就要去醫院是件讓心情不太愉快的事。

抽水這事，等身體更差了，無法自癒再說吧！

《生命金句》生命，不在於長短，在於精彩。

週五面臨出院，還在考慮是回家？還是轉去另一間醫院？迷茫到小小失眠了二天。而這也是第一次，沒有很開心要出院了這件事⋯⋯對自己的安全問題束手無策。

　　以我的狀況，再三和醫生詢問，由於肝臟已布滿大大小小的腫瘤，器官衰竭隨時會發生，也就是死亡。但另一方面，疼痛緩和後我其實現在精神又很好，自己覺得一切都很難說，自我感覺還會活很久。

　　和醫生說了我的想法，醫生說的確我的存活期已超過一般相同症狀的人很多年，但仍然還是處於不知道有沒有明天的身體狀態。

　　前天朋友來看我的照片，拍完大家都笑了，我的氣色比來看我的二位友人還好，我的肝很堅強，肝功能指數和常人無異，臉色也不像肝功能有問題，甚至眼白也看不出一點問題。

　　反正我吃的保養品目前就只一種——寧夏紅枸杞。枸杞的主要訴求就是保養肝和腎功能，之前有寄出給友人的試飲用包，反應都覺得不錯，都有在一箱一箱的回購，本來想好好整理出來分享給好友，但體力有限！

　　為出院做好準備，每天下床散步，希望能盡可能靠自己生活。

　　隔壁床其實和我狀況差不多，也是骨癌轉移入院，她的主治醫生也多次前來關切出院的事情，但她和老公商量好，不想離開醫院，鐵了心，不拔導尿管、堅持完全臥床不復健。醫生只要提出院，她就狂哭說她不要，她要死在醫院，不要趕她走⋯⋯。

　　總之，看看她，本來也想盡量賴在醫院的我，不知為何，在心裡和自己說：「靠自己就好，把病床留給更需要的人吧！」

當只剩三個月的生命

小仲，五十二歲胃癌末期病患。他：「醫生說我只剩三個月的生命，要我好好利用剩下的時間做自己喜歡做的事；這意思不是擺明叫我去死嗎？」

和多數人一樣，即便是癌症末期，也懷抱著「治療等於治癒」的期待，一直認為「努力」，就會有活下去的希望。當醫師宣告他只剩下三個月的生命時，他簡直不敢相信眼前的醫師要他不要再治療。「去做些自己喜歡的事」這是什麼鬼建議？「根本就是要人去死啊！不行，一定還有方法！」（摘錄自《惡醫》）

隨著罹癌的年齡層不斷下降，像我這樣三十～四十五歲的罹癌者大多小孩還小，父母剛退休，家庭經濟壓力很重，事業正在打拚，對未來有無限的期待。死亡這件事並不在規畫內，所以一定是努力求生存，希望能被救。

當網絡上遍布癌末痊癒的「奇蹟」案例，當再三和醫生確認至少在台灣的醫院中還並沒有任何一例真實「奇蹟」的發生，我的心還是稍稍的難過了一下，可能在我心中仍然期待自己會是那個特別的奇蹟。

當醫生告知：「做些你喜歡的事情，把時間用在有意義的事物」時，恐怕病人的解讀會是「你的意思就是要叫我去死嗎？」、「你說不用醫治，就跟叫我去死沒兩樣，醫生的職責不就是和病患一起努力用盡各種方法來抗癌嗎？」。但事實上醫生是真的好意讓病人可以「選擇不必再承受

《生命金句》引導病人接受安寧治療對醫生來說，一定是項很艱鉅挑戰。

痛苦的無效治療」。對醫生來說，「告知壞消息」與「最好的選擇」如
何引導病人接受安寧緩和治療對醫生來說，一定是項很艱鉅挑戰。

人生最大的恐懼不是死亡，而是未知。我不知道我的最後
一天會是何時到來⋯⋯

為什麼轉院？

　　真實情況是這樣的。主治醫生、社工師召開了出院前的家庭會議，了解我
出院後的生活安排。

問：病人很擔心出院後的吃飯問題，你是不是可以找朋友幫忙送餐或是上班
前先買好。

答：我要上班，沒辦法。

問：那你想怎麼安排？

答：我背他去學校和我一起上班，學校有營養午餐，然後小朋友可以餵她，
學校還有殘障廁所。不然就把家裡大門拆了，誰要來就來。

⋯⋯⋯⋯⋯⋯⋯⋯⋯⋯⋯⋯⋯⋯⋯⋯⋯⋯

問：我很願意幫助你們一起解決問題，你是她丈夫，你能體諒她的辛苦嗎？

答：她有什麼辛苦，整天躺在床上，像渡假一樣。

⋯⋯⋯⋯⋯⋯⋯⋯⋯⋯⋯⋯⋯⋯⋯⋯⋯⋯

二小時的會議開完，主治醫生立刻拿起電話幫我連絡桃園榮總的同學幫我辦
理轉院。社工師幫忙募款救護車的費用。

醫生：你這樣我真得沒辦法讓你回家，你丈夫完全活在自己的世界，他沒有
同理心。你要堅強，就像你面對癌症一樣，遇到了就只能面對。

《生命金句》人越是在惡劣環境下，基本上越是要讓自己過著很優雅的生活。　　191

宜璇的胡思隨筆 ————————

一切都是機率問題

知名藝人賀一航癌逝了。

賀一航的想法和我一樣，人都難免一死，活著的時候能為自己為別人做
一些事，也就很知足了，不需要追求長生不死，也無需對癌細胞零容忍。

人生，一切都是機率問題，「癌症的復發與機率有關」無論你怎麼選，
都是有可能會這樣，會那樣。

《生命金句》人都難免一死，活著時能為別人做一些事，也就很知足了。

嗎啡藥量微調後

　　和醫生說了，我的嗎啡藥量只要加一點，就會吐。醫生為了讓我更舒服還是又調整了劑量。好吧！結果就是：「沒想到你說的會吐是吐成這樣」吃進的食物都沒吐的多。

　　早上體溫只剩下攝氏 34.9 度，血壓低下，有點想昏睡，醫院推來這台讓我保暖，好不容易養到 45 公斤的肉，別又守不住了。

阿彌陀佛，一路好走

　　原來室友離世，會有全身發癢之感。之前在台大醫院時還以為是止痛藥物作祟。阿彌陀佛，一路好走……。桃園榮總安寧病房多是年齡很大的病患，室友皆為癌症腦轉移，藥物讓他們沉睡，偶爾會發出有痰的聲音。

　　陪伴他們往生的都是外籍看護，兒女們三不五時會來探望，詢問現況。

現在以食果為主

　　最喜歡吃的滷排，只能吃下一小片了，唉呀！味覺整個變了。

　　現在以食果為主，芭樂、番茄、香吉士、水蜜桃……。其他的東西，再好吃也只能吃下一點點，多吃二口就又吐了。

努力下床走動

　　最近狀況是三月十二日以來，最好的情況，可以努力下床走動走動，可以

《生命金句》人不需要追求長生不死，也無需對癌細胞零容忍。

寫寫東西，每天能吃到二餐（每餐大約是三分之一便當的量），體重回到45公斤。

在每次病危之後，都會有一陣子短暫的「迴光反相期」，身體會暫時好一些，直到再下一次的病危，身體再次大幅度變差。

趁著身體好一些，週一來問問醫院有沒有理髮服務，把頭髮修剪一下，把幾個網站重新經營起來，每天寫二篇文章、看看書、滑滑手機……，感謝桃園榮總的護理師、看護員、志工把我照顧的非常好，幾乎是衣來伸手、飯來張口。因為止痛藥的調整，嗎啡的影響，讓我排便很困擾，在連幾天吃了軟便藥物後（再加上車禍後，大便功能一直未能恢復），早上無法控制地大了一床、一地，我又難過又羞愧地哭了很久，如果可以選擇，我真不想這麼丟臉的活著。

但我沒得選，只能越來越依靠別人的照顧，只能懷著感恩活下去，力所能及的讓自己每一天活得舒服，活得有價值些。

瀕死之兆 2019 6 / 10

下午照顧員眼睛腫腫的來和我說，早上她照顧的一位獨身的九十歲老伯伯走了，她好難過，一個人哭了很久。

她自從來到安寧病房工作後，每天都感到震撼，時常都要和她照顧的病人道別，前一刻還好好的，下一刻人就不在了。

聊著聊著，發現一個定律，人在瀕死之前，會有好幾天什麼都吃不下，只要這個病人連續好幾天不喝不吃，體重又下降的很快，通常就差不多了。觀察我自己的身體也是一樣，在放療做到第八次時我也是連續四天不飲不食，體重從49下降到41時，醫護人員也是很緊張地說，我的狀況不對。幸好在第五天，我拿著APP點菜，逼著自己一定要吃點什麼。

頭二餐，真的是吃什麼都覺得很難吃，聞到味道就想吐，體溫一直很低都

《生命金句》萬一有奇蹟那就欣然接受；沒有，也已經有所準備。

在 34.6 度左右。後來，我吃什麼，大家知道嗎？

吃雪花冰，芒果雪花冰、牛奶雪花冰、芋頭雪花冰……，連三天都吃雪花冰，吃完體溫一量就有超過 36 度，第四天終於能吃下水果、排骨湯、雞湯之類的。

人的體溫和吃冰無關，和熱量有關。昨天我又開始昏睡什麼都吃不下，想上 APP 點冰，發現雖然沒有雪花冰，但有泡泡冰，一碗從二百五十元直接下殺至六十元，永康街的雪花冰有夠貴說，難怪叫天龍國。

今日備註

和同房室友的兒子聊天。兒子說，媽媽非常注重飲食和運動，也經常做義工，在飲食上吃的比一般人講究卻仍然罹癌，親戚都覺得很奇怪。

做了基因檢測後，建議做標靶，二代標靶維持了三個月，失效，改三代標靶，只吃了一個月又失效，又再做了二次化療，因身體無法承受所以停止。從去年確診癌症，現已腦轉移，陷入昏迷。

兒子、女兒很孝順，下班都有來探視母親，病人的妹妹也經常來陪姊姊聊天，經常說著說著就哭了。

.·宜璇的健康筆記·.

高人的藥膏治療

心臟病友人已無需換心；舅公黃石城也找高人治療過六次，原本要去韓國做手術也已經取消。

《生命金句》懷著感恩活下去，力所能及的讓自己每天活得舒服有價值。　　　195

我自己呢？我很不認真的做，但疼痛是有改善不少。

有 FB 好友想詢問我如何連絡高人，我只能搖頭，高人收費是看心情，我聽過他開價二百萬，或許那個人他根本不想治，所以故意開的價格。

基本上重症二十萬現金要準備好再說……，但有時高人也隨洗，也不要小看隨洗，高人的隨洗有收過一台賓士轎車。

我會建議還是找正規醫生，至少健保價格一目瞭然，雖然治不好，但有一堆理論和數字在支持。如果要找這種民間高人，雖然能創造奇蹟，但有時也要看緣份，我真不知道高人會開什麼樣的收費給你。

高人的藥我斷斷續續在用，目前我只做疼痛緩和，沒有其他的治療。高人的藥有沒有效，就好友和我一起觀察吧！我心裡也不知，對於高人和眾多民間治療，到底該信不信？

醫生說：「這段時間是拿來好好和自己與世界道別的，如果抱有太多幻想，恐怕不是很好。」

做好當下該做的事，如果……萬一有奇蹟那就欣然接受；沒有，我也已經有所準備，也沒關係……好友們，你們會信嗎？

《生命金句》千萬別用打罵的方式讓孩子的心靈受傷而自卑。

宜璇的胡思隨筆 ————

女兒要富養

是愛慕虛榮?還是追求時尚?

「生女兒要富養,生兒子要窮養」,很多人都有耳聞這句話。主張女兒要富養的人會說:「女孩用最好的東西去培養她,當她學會分辨什麼是好東西,才不會覺得什麼東西對她來講都有吸引力,『富養是眼界的開拓,氣質的培養。』」

其實也是正確,經常好友們會對我選擇另一半發出質疑:「妳的條件,怎麼會去選擇這樣一個男人?」不要說你們懷疑了,我自己都想不通是怎麼回事?當然後來我明白了,因為我從小成長在打罵的教育中,我是自卑的,別人說我再好,我都覺得自己很差,我配不上別人。只要有男生對我關心一點,不會打我,我就覺的這樣就是好。

我對男人真得很不挑。

從這點看來,培養女兒對於「好」的判斷力是很重要,也千萬別用打罵的方式讓孩子的心靈受傷而自卑。

但富養,要富養到什麼程度?

還是要有一個「度」,並不是任意揮霍,不知節制。「挫折教育」還是必須的,社會是現實和殘酷的,對一個孩子有求必應,給予她過度的保護,更不是件好事。林則徐說:「小孩有用,留錢給他也沒用;小孩沒用,留錢給他更是害了他。」

成功的第一代，往往都是在苦難中成長的，不管是商人還是政治人物。但現今社會，大多的家庭是富裕的，倒也無需回到五十年前特地去過窮苦的日子。富裕的第二代，往往是比較低調的，這個就是家風的體現「真正的家風是優秀品質和習慣的養成」。

富裕的家庭，當你把孩子送去貴族私校，也就代表在經濟上要付出更多。當孩子的成長環境都是用金錢堆砌出來時，你不可能要求孩子不去和同學比較：爸爸開什麼車來接送她？穿的衣服拿的包包是哪個品牌的？在我自己的孩子培養上，我也和孩子的父親討論過這個問題，以孩子生父的條件，是有能力讀貴族學校和開賓士去接送孩子的（事實上，家裡除了好幾台賓士，也沒其他品牌的車，依孩子父親的五十五歲年齡層，就覺得開賓士好，沒考慮過其他品牌的車）。

最後，我們決定讓孩子唸公立學校就好，也不必去考資優班之類的。反正平平安安長大，在家裡跟著父親學習經營管理（家和工廠是一起的），耳濡目染自然也會學習到各方面管理公司的能力。對女兒，我沒有太多期望，只希望她健康快樂，公司方面也無需要有什麼創新創意有大躍進，能守成就好。中型的企業能守成，能管理好品牌、百來號員工、年營收不下滑就很不容易了。女兒算是第三代了，能把家業守下來，我就覺得女兒很棒了。

《生命金句》對女兒，我沒有太多期望，只希望她健康快樂。

宜璇的胡思隨筆 ————————

信仰

好像真的住進安寧病房的人，如果之前沒有信仰，都會選擇一個來皈依或受洗。

有趣的是，都會選擇和之前較常接觸或家庭原有信仰不同的那一個。但我再三思考，還是沒決定要信什麼？就像在台大醫院時，心理醫生問我：「你覺不覺得自己是很特別的人，別人信仰，會在醫院皈依師父或是找牧師受洗就好，你卻要跑去西藏、跑去埃及和以色列研究個幾年，都做不了決定。」

是的，我真做不了決定，我真得覺得都很好呀！但也都有些不太讓人理解的地方，所以，我無法做出結論。當然，我也考量過，這些網文也很有可能是對手杜撰的。

在討論這個問題時，有位醫生問我：「那你不會擔心死了之後，靈魂會不知道要去找誰嗎？」我想了想：「我還真沒想過，我每天想活著的時候要做什麼都想不完。我哪能管到自己兩眼一閉後，要去哪？人都死了，到時候自然就知道了，現在想這些有什麼用？」

先把人做好了，自然就能做好死後的事，人都做不好了，其他還有什麼好說？

我的生命還有多長？

這二天，左跨有點痛，踩在地上更加刺痛。拍了 X 光片，是骨轉移。如果是之前，可能還會掉個二滴眼淚，但現在……麻木了，要在我身上找出沒有癌細胞的器官和部位，恐怕也沒有了，知道和不知道也沒什麼差別。

笑，還笑的出來，看到感傷的事也會哭，但……就有些麻木，這樣的心情有點怪，說不上來。我的生命還有多長？明天，後天……，總之，把眼前的目標和事情做完最重要。

> **今日備註**
> 教學這一檔事，真的是要每一步都說的很清楚。
> 精油嗅吸，方式一，離十五公分深呼吸；方式二，將指尖置於眉頭深呼吸。
> 每次就真的會有好友把整個鼻子埋在手心上和我說：「好嗆」、「太濃了」。
> 看來真的要在安寧病房來開設直播教學啦！

不同階段的心境

對面病床來了一位伯伯，他和妻子說：「你長的好像我老婆。」

下午教會友人有感而言：「很多人會把別人的付出視做理所當然。」

年輕時，不自覺的會插手別人的閒事，熱心過頭，覺得「我可以幫助他」；涉事深了之後，就會發現，別人把你的付出不當一回事就算了，甚至背地裡嚼舌根，讓你開始懷疑人生；現今呢？反正也只是舉手之勞，能幫就幫，管別人說什麼，都可以一笑置之。本來也就沒想過要別人報答自己什麼，無所謂啦！

「少年聽雨歌樓上，紅燭昏羅帳。壯年聽雨客舟中，江闊雲低斷雁叫西風。而今聽雨僧廬下，鬢已星星也。」蔣捷《虞美人》。

人生，在不同的階段，應有不同的心境。

《生命金句》別把別人的付出視做理所當然。

驚醒

大地一聲雷，發生了什麼事呀！夢中驚醒

幫助人是一種崇高，

理解人是一種豁達，

原諒人是一種美德，

服務人是一種快樂。—摘錄自網絡

·······宜璇的健康筆記

禱告及手療

另一病床的病友，這二天才入院的。早上志工推去洗澡，會讓家屬幫忙一起洗，洗沒多久，她的母親突然跑回病床，拉上簾子，失聲痛哭地說：「我沒想到我的女兒會瘦成這樣，我好難過，好難過。」她不斷幫女兒、女婿以及她的家庭禱告，希望上帝能減緩女兒的痛苦、希望上帝能祝福女兒家庭度過難關。

聽著……聽著，我也哭了。比起面對自己的痛苦，我更不忍面對別人的痛苦，癌症讓太多的人、太多的家庭陷入悲傷。

中午 Eva 姊來，摸摸我的手、摸摸我的背，我知道她也在心裡幫我禱告，只是她不像台灣的基督徒要說出聲來讓大家一起聽。（Eva 姊長期在美國，最近回到台灣辦一點事，八月就要回去了），手是很好的療癒的道具，讓我的背感到很舒服，心很平靜，不一回就睡著了。

其實，Eva 姊是網友，真得沒想到她從美國回來，就來醫院看我，已經來了好多次了。誰說網絡沒真情呢？

《生命金句》人生，在不同的階段，應有不同的心境。

宜璇的胡思隨筆 ——————

抗癌的經濟問題

我們都只是平凡的上班族，抗癌到最後，真的是很沉重的經濟問題。

台灣的社會福利和資源都很有限，只能自求多福，像我這種「與癌共存」

十年的並不多見，有時面對一些「不明究理」的網友詢問，真的不知該

回答什麼：「你生病還創什麼業，先把身體養好呀！！！等好了，才有

能力賺錢。」

但醫生說的很明白：「至少在台灣的醫療上沒有奇蹟。」

1. 我不可能會好。

2. 就算不被癌症搞死，我沒飯吃也會餓死呀！

等好了再創業，那這段期間我身無分文要怎麼活？寶寶想

了很久⋯⋯寶寶辦不到⋯⋯

一直睡 2019 6 / 15

　　真是厲害了，睡到現在才起床。吃的少＝熱量不足＝體溫低＝一直睡

　　安寧病房，通常二～三週，必須要轉院或出院。現在，又面臨了接下來要

去哪的問題。

　　我不知道，不想去想這個問題。每當有解決不了的問題，不要急，答案會

自己出現。上網訂了一本書，書名就叫《你的煩惱，哲學家早有答案》，或

許答案就在書中。

《生命金句》幫助人是一種崇高，理解人是一種豁達。

宜璇的胡思隨筆 ——————

轉來轉去

一、蕙仁外遇事件

最單純的還是校園時候的戀情，出了社會後社交圈是複雜的，人際交往也是複雜的，經常被拿出來討論的話題：「男女間有沒有純友誼？」

以我的年紀和社會經歷，最常聽到已婚成功男士會說的一句話：「我和妻子的關係不好，已經分居很多年了。」每次我聽到這句話，就知道一定還會有下文……

然後，邀請妳去他公司當祕書呀！和妳說會好好栽培你獨當一面，手把手教妳做生意。第一次遇到時還覺得好笑，把我當十八歲小女生騙嗎？第二次、三次……後，就覺得，唉！這就是男人，都一個樣。

你有錢是你家的事，和我沒啥關係。還有，台灣並沒有分居幾年就自動離婚這件事，我管你分居幾年，你就是已婚男人。反正，在我這，我管你是誰，在社會上多有名望，只要話題談到這的，我都只有一招，就是「加入黑名單」。

雖然之後，朋友吃飯聚餐，還是有可能會遇到，但還好……並不會尷尬，頂多會有人移到你旁邊和你說：「小妹，有個性！」

果斷且明確的拒絕是最好的方式。（八卦非女人專利，要知道很多男人也很八卦，女生一不小心，很有可能就成為這些男人的話題中心呀！）

男人女人這些事，在成年人來說，沒有誰騙誰，而是雙方 or 三方（正宮、小三、男人）都有「意」。真的要說騙，那只有自己騙自己。

《生命金句》手是很好的療癒的道具，讓我的背感到很舒服，心很平靜。

二、癌症的存活期，究竟有多久？

腦轉移平均三個月，骨轉移平均二年。死亡原因：器官衰竭。

但到底多久會死，真得每個人都不一樣，所以，我們這些死不了的安寧病人，就只能在各醫院間轉來轉去，現在的室友，每個人都轉了好多次醫院。為什麼要這樣轉？因為健保規定。

我是覺得，安寧照護，基本上並不會做任何治療，大多都是在做「止痛」，病人大多的時間都在昏睡（止痛藥副作用，就是一直睡），尤其像桃園這邊，說實在，都還是有空床位，這樣二～三週就必須轉院，之後再轉回來，這件事真的很怪，不清楚有什麼意義？？？（又不是床位不夠）

像台大醫院這種，名氣大，交通方便的大醫院，一位難求，住很久的確別的病人就會住不進來，但有空床位的醫院也要這樣轉來轉去，就很難理解了。

知福、惜福　　　　　　　　　　2019 6 / 16

我在醫院最大的功能就是教病患家屬以及護理人員，如何叫 APP 外送，大家都好開心喔！可以不用只吃醫院餐了。

在醫院裡沒人在減肥啦！能吃就是福，或許你們都沒想過，在醫院外的你們有多幸福。

人生到最後，沒有多的需求，吃飽、睡足而已。好友們在不愉快時，想想在醫院等待死亡的我們，知福、惜福吧！

在台大安寧病房時和姚醫師談過這個問題：

　　　　《生命金句》男女之間感情的事情，真的要說騙，那只有自己騙自己。

別把自己的一點小事看的很大很重要，無限放大後，就覺得自己很可憐，是世上最悲慘的人。

事實上，放下自我中心後，看看四周，比自己過的慘的人太多了，相較之下，自己是多麼幸福。

疼痛也好，幸福也好，都是取決於自己大腦的判斷，每個人對於幸福的定義都不一樣。有些人的要求很高，只要達不到就覺得，完了，覺得全世界都黑暗了。真是這樣嗎？放下主觀，我們就能收穫美好。

人生不設限　　　　　　　　　　　　　　　　　　2019 6 / 17

如果問：「得知癌症復發後，你會做什麼？」我想大部分的人會選擇就醫吧！

我還真是沈大膽，一個人就這樣帶著女兒去大陸闖蕩江湖。而且還是在發現癌症轉移後。總之，我就是不想待在醫院，我想去旅遊兼創業。女兒也挺厲害的，碰上我這個媽，她也必須很耐操，陪著我睡火車、坐飛機、騎馬，上天下地到處跑……。

現在回想，我沒有後悔，我覺得自己的選擇是對的，讓現在無法下床的我擁有滿滿的回憶。人生不設限，想做什麼就去做。

這二天，台北榮總腫瘤科有來桃園做會診，又提出「化療」這件事。一直和我說，我還年輕，一定不要放棄，要做積極治療，要求我要做決定，然後會安排我轉至台北榮總做化療。

理由是：

1. 我從未做過化療，值得一試，說不定很有效。

2.HER2 陽性陽性荷爾蒙治療有效，化療可延長壽命讓荷爾蒙治療發揮效用。

我的想法：

《生命金句》安寧照護，基本上並不會做任何治療，大多都是在做「止痛」。　　205

如果要化療我早就做了，現在多處壓迫性骨折＋神經受損，這個都是不能恢復的傷害，我根本沒有很想活下去的生命動力，只是人死不了，就只能好好活著。

在台大醫院住院時，台大腫瘤醫生也依據我的肝、肺現狀（都是大大小小的腫瘤）支持我不做增加痛苦的治療，認同我的身體應該撐不過化療。

再詢求第三方醫師的建議：

回應：的確化療可以延長生命，但是要考慮的是，如果化療讓自己吃不下、睡不著，就要拒絕。

宜璇的胡思隨筆 ——————

帶著女兒浪跡天涯

女兒從出生的第十五天，就跟著我出國教課＋旅遊，浪跡天涯。有一陣子網上有在討論該不該帶嬰兒出國坐飛機這件事。我們娘倆根本沒這困擾，小寶貝一上飛機就睡著，完全不吵人。再加上我的祕密武器就是餵母奶，我的背包裡只需要帶錢和尿片以及簡單的換洗衣物，就可以全東南亞趴趴走，除了大陸、泰國、新加坡、馬來西亞……全玩過。可惜當時還不流行直播，不然叫「癌母和女兒的旅遊日記」的頻道節目一定很有看頭。

當然，待最長時間的是中國大陸，真的是上山下海，每個省玩一個月，什麼高原反應，只有大人才有高原反應，小孩在那邊跑來跑去根本一點

　　　《生命金句》在不愉快時，想想在醫院等待死亡的人，知福、惜福吧！

事都沒有。

當時想法很天真，我中文系，我就打算帶女兒去到旅遊景點，教她學習文學和歷史，教她背古詩和她講歷史故事。我和大家報告，根本白搭，三歲以前的事，她現在沒有記憶，氣死我⋯⋯。

女兒出生的第十五天，我們去到了江蘇。從杭州開始玩起，我還記得，我幾乎所到之處，都被當地的婆婆媽媽們「碎碎唸」：「月子沒做完，小孩都沒滿月，不可以帶出來吹風啦！」我被唸到耳朵快要長繭，受不了，只好先離開美麗的杭州前往義烏。因為義烏的女人，很多都要背著剛出生的孩子「顧店」，沒把坐月子看的這麼嚴重，我就每天逛起小商品商城。那邊有很多中東的朋友會在這裡進貨，我就順便看貨、喊價、出貨到中東做點國際貿易。

先回家看看 2019 6 / 19

看著藥袋就很無奈，我以前⋯⋯一定不吃，但現在的痛，實在太不舒服了，只好不斷餵自己吃這些「可怕的東西」。

第三週，進行轉院準備，室友們都已經安排好要轉去的醫院，在等待床位通知了。

我呢？暫時不會去北榮做那什麼延長存活率的化療（如果台灣有安樂死，我早解脫了。）說是安寧照顧，做好疼痛控制是不錯，但必須在各醫院轉來轉去這件事，就根本不得安寧。

我準備長照 2.0 ＋安寧居家＋友人幫助，先回家看看，真不行再安排回醫院，加入無窮無盡的轉院行列，直到死亡。

安寧的心得分享

2019 6 / 20

原本以為只有在教學醫院，會和國際交換學生和實習心理醫生，做安寧的心得分享。沒想到來到桃園榮總也有這項需求。看看旁邊的室友，能清醒說話的不多，好像還是只有我上，反正，我也閒閒沒事。

癌症，要面對的是不知何時會復發、轉移……太多的未知數，不可控、也無法掌握！能做的就只有在當下把自己活好。

早上看到癌友的分享，大家都好棒，在面對自己的生命！

出院後努力工作

2019 6 / 21

早上臨床心理醫生和我道別（去其他醫院實習），她說：「你是個非常重視生活品質的人，給我很大的啟發。並不單是妳面對疾病的態度，而是你面對生活的態度。和你談話完全會忘記你是安寧病人。」

《生命金句》疼痛或幸福，都是取決於大腦的判斷，所以放下最重要。

下午推著助行器慢慢走到醫院門口曬太陽，體重也來到 47 公斤。一次次被宣告病危，一次次又可以離開醫院，今天的精神狀態很好，雖然出院後，又必須回去那個有相處障礙的家，沒辦法啦！沒錢沒法離開，出院後努力工作吧！化為離開牢籠的動力。

哦！好轉的關鍵，是在四天不飲不食之後，身體逐漸好轉。還有，使用了黑雲杉純露和精油後，像懷孕五個月般的腹水自己消失了。

宜璇的胡思隨筆 ────────

激情？愛情？親情？

女人，真的很傻，為了一時的激情，可以放棄經營已久的事業。與此同時，男人在做什麼？男人正在力挽失去的好丈夫形象，讓自己的傷害減至最低。

女人在深陷愛情時，總是飛蛾撲火，而男人在激情過後，第一考量的卻是自身的利益：那這個與你激情過的女人呢？你打算怎麼辦？不要了嗎？（為了自保，現在看來就是不要了。）

在激情與愛情之後，還有一種女人，也不知道是看的開還是放棄了愛情。男女間明知道只剩下親情，卻還是委曲自己說：「算了，愛情沒了，還有親情。」為了責任還是義務，忘卻自己的情與愛，繼續留守家庭服侍公婆、丈夫、孩子。問天下，情為何物。

昨天看鄭醫師在節目中說：「日本、美國的統計，女性出軌率有70%。」我想，這說的是肉體出軌吧！如果說精神出軌應該有99.9%，不然那些韓國連續劇，大長腿歐巴，到底是演給誰看？誰沒有個性幻想呢？難道你會看著你那結婚多年的老公，痴痴的笑，當他的腦殘粉嗎？話說回來，就只談肉體出軌好了：「為什麼男人總管不住小頭」、「為什麼男人……」，一堆為什麼？我不知真是台灣女生太單純？還是根本沒真正「面對」婚姻中的現實問題？

其一，可能我一直在社會上工作，所接觸的都是有經濟實力的職業女性。這些和男性們平等工作的女性，以我所見，誘惑也很多呀！少數的人也會在下班後去鴨子店舒壓（日本就很多，在街上就能遇到。）經濟獨立的男人、女人在社會上面對的是同樣的誘惑。

其二，正視婚姻中的問題。

你知道你的另一半要什麼嗎？他對妻子的期望是什麼？是溫柔體貼，還是如同老媽子般愛碎碎唸？很可惜，很多女性結了婚、生了小孩就會自動開啟老媽子模式，每天就是唸一些雞毛蒜皮的小事。哪個男人會想和媽談戀愛？

會走入婚姻，都是對婚姻有所期待的人。既然對婚姻有所期待，為何到最後又背叛婚姻？真的是外面的小王、小三手段有多高超嗎？總覺得外遇的原因，是對婚姻失望，和在婚姻中得不到滿足。

面對自己的婚姻，我其實是知道他想要什麼？他想要「認同」，他期待能有一個愛他、理解他和他站在同一陣線的妻子。可惜我……做不到……。

在面對一個幼稚、沒有同理心、不願意付出、總是在抱怨的男人，我找

《生命金句》如果化療讓自己吃不下、睡不著，就要拒絕。

不到能認同他的理由。在我一次次住院，他沒有付過一次醫藥費，連來醫院看我的油錢都要向我索取時。在我疼痛不堪，他還做出一些非常戲謔、調侃的舉動時，我只有一個想法：這⋯⋯不是個男人，甚至不是人。你的行為令我不能理解，我又如何崇拜你？我做不到，連演都演不出來。維持婚姻，真的很不簡單。

對，我去過鴨子店，這個話題以前就談過。現在做了荷爾蒙治療，有點類似化學去勢，所以對於情慾方面沒啥需求⋯⋯就不談「性」事了。

在醫院每天都會有臨床心理師來找我聊天，談的較多的都是和心理諮詢有關的臨終問題、婚姻問題、人生方向的問題等，剛剛才聊完台灣人的婚姻和教育。

新加坡的回憶

2019 6 / 22

去年最後一次出國是去新加坡（當時，還可以不用助行器），沒想到這或許是最後一次的出遊了。本來之後還安排了二個行程的，但回國後沒幾天，走路已異常困難，就算是扶著助行器也無法走到幾步路。

感謝好友的招待，是你讓我有滿滿的回憶，東方文華酒店很棒的飯店。

進入選擇好食材模式

2019 6 / 23

睡到現在才清醒，晚上因軟化大便藥沒睡好，一直覺得肚子痛痛。一定要來找出不用西藥、順利排便的方法。但不容易，因為我的排便問題是嗎啡類

止痛藥引起的，並非身體自行產生的問題。而現況是止痛藥無法停用。回到家，第一件，就是要來實驗這件事。

目前體重 46 公斤，48 ～ 52 公斤這區間是我想要的理想體重，不能再一直躺在床上狂吃啦！要稍稍控制下了，要從「能吃就是福」的模式進入「選擇好食材」模式。

宜璇的胡思隨筆 ————

命運

一、希望與失望：二〇一七年發生車禍後，本以為就此終身癱瘓，沒想到幾個月後，我可以走路了。好開心，想說醫生都說的太誇張了，說什麼會終身癱瘓，當我向醫生展示我很厲害時，醫生卻仍然很憂心。

這中間，做旅行業的學生為了鼓勵我帶著我出國玩了二趟，沒想到，再隔了幾個月，我又開始退化，必須依賴助行器走路，直到今年三月，連坐和站都辦不到，就更別說走路了。

一次次的希望，到頭來還是對抗不了命運的安排。這次的出院，醫生其實並不支持，希望是用轉院的方式來處理。看似的好轉只是暫時的，醫生說，很快會迎來再次大幅度的退化，或死亡。我的生命單位，仍然要以天計算。

二、生命，是無常的：想做什麼就去做，不要只寄希望於未來。

《生命金句》生命，是無常的。

沒錯，年輕必須為未來去做積澱（沉澱累積），所謂「少時不努力老大徒傷悲」。但並不是要你就放棄當下的快樂和享受，人，畢竟是活在當下，也就是現在。

不要以為自己還年輕，疾病和死亡就離我們很遠，醫院的急診室裡躺著多少的青少年，可能一場車禍，就讓他們終身殘疾或失去生命。

我們對於「生命教育」做得遠遠不夠，可以多組織一些步入青春期的高中、大學生，讓他們來到醫院當志工（高中學校裡其實就有慈輝社），這對他們的未來是有幫助的，讓年輕人早早學習愛惜自己、愛惜生命。

PS：給淑華一點建議，在修改協會組織章程時，可以考量這一塊。我覺得深具意義。其實學校裡本來就有這樣的社團，我們可以做一些宣導和連結就好，做輔導的角色，其他的讓學生會幹部去執行。

在住院期間，這些實習的心理醫生我都有留下連絡方式，到時都用的上，多結合社會資源一起做。

面對死亡

　　昨天，連續走了二位病友，一位在大半夜，一位在清晨。這次從台大醫院入院到現在，送往的病友都是在半夜離世的，本來這週，大家都已安排好下一間醫院要轉院的醫院的。

　　當然，桃園榮總的病友都年紀很大，而且都已意識不清，主要照顧者是外籍看護，所以，沒什麼可交流的。偶爾，老伴、兒女、孫子來，也都是坐個十分鐘就走。

《 生命金句 》想做什麼就去做，不要只寄希望於未來。

213

台大醫院的安寧病友則多是剛化療失敗，被送進安寧病房的，所以相對熱鬧很多，家人、親戚、朋友，一直不斷出現，差別好大。這個就是中央醫學醫院和地區醫院的差別吧！但……為什麼，死亡多出現在大半夜呢？

長期追蹤我的好友，應該也……有點……。我只要一進醫院，就是籠罩在死亡的訊息下，但我的身體又時常要進出醫院，我自己都無奈了。我不去想死亡的事，但又總是要面對死亡。

我活太久了，之前還有網友說：「癌末，就是快死了才叫癌末。」他的朋友死後錢都還多的花不完，問我怎麼年輕時工作不存錢，說的我啞口無言。但他沒想過，他的朋友罹癌二年就離世，但我前前後後共達十年之久，有存錢也早就花完了。八年前，我也還有幾百萬的存款呀！

人生呀！！！

今日備註

病房都空了，這二天我也要來辦出院啦！
再一次被退貨，沒什麼好開心，也沒什麼好不開心，反正……很快又會住進來。
命運呀！

剩一張床的世界　　　　　　　　　　　　2019 6 / 25

話說回來，我的身障創業補助還沒拿來使用，有點可惜。每月二萬的房租補貼，也不少耶！有人用的上可以和我說，台北市可補貼四年，桃園二年。

我已準備好出院，結果是醫院沒準備好我的出院用藥，今天能順利辦理好出院嗎？

回家後有件事需要求助，要找人幫忙我移動下房間的擺設，以適應現階段的身體狀況，不然東西都拿不到。我的世界只剩一張床的空間，以及躺在床

　　　　　　《生命金句》人，畢竟是活在當下，也就是現在。

上手能拿到的地方……。

　　回家了。超亂的環境……明天市府會有人來簽長照 2.0，看看除了備餐有沒有可以協助家事服務？

長照 2.0 第一天

　　四十分鐘煮飯，問題是家裡沒菜。原來是要勾選購物＋煮飯，傻眼……不買菜哪來的菜可以煮呀？？

　　實際使用後，要重新調整下服務內容，購物＋整理家務＋備餐＋陪同就醫。現在長照 2.0 已不是用時間計算，而是算次數，如何合理有效使用點數要來規畫下。政府負擔 84%，我要自付 16%，超過次數就要全額支持。今天先把這件事搞定。

　　也感謝麗森和她的教會團隊會來給予我一些幫助，我行動有限，真得需要重新調整一下房間動線，不然生活真得很不方便，先感恩所有好友的幫助，謝謝麗森教會姊妹的幫助。

　　還有，突然問我要吃什麼？我沒想過，我只會打開手機叫 APP 外送。等下要來擬好一週菜單。另外，居家安寧照護也還沒連絡上，我看醫院只開了一週的藥，然後呢？是醫護人員會送藥來嗎？還是我要去醫院回診呢？

斷、捨、離

　　大半夜，爬起來乾嘔，每天吃這麼多顆「高危險藥物」，手指關節都變黑了，藥袋上的副作用是會上癮。

　　先不論到底會不會上癮，我也不敢自己停藥，深怕體內嗎啡量不足，又會疼痛。唉！長這麼大，第一次這麼聽醫生的話，會自己吃藥，真難得。

《生命金句》從「能吃就是福」的模式進入「選擇好食材」模式。

回家第一天，感覺還好，和在醫院一樣吃藥、睡覺、看平板，在能活動時就整理一下身邊的小東西。整理的最高境界，就是丟，台灣太潮溼了，一堆東西像木頭製的盒子，放著不用都會自己發霉，當然是要丟呀！無奈家裡那隻一回家，就開始全部撿起來，東西都發霉了，留著要幹嘛？又不可能再回頭用的東西，丟掉就好。唉！價值觀不同，住在一起真的很不舒服……。

　　我知道斷、捨、離，對他來說，真得很難。冰箱東西發霉、零食過期他都要吃，我每一餐都只能吃下一點點，在醫院時護工會幫我拿去丟掉的東西，回家後，不能丟會被罵，反正他都有辦法吃完，也就算了。他要吃就吃吧！！！

　　但東西都不能丟，是要怎麼整理呀！老了，不能動了，就只有一張床和手伸出去的範圍是屬於你的；死了，也就一個罐子的空間是你的，你以為能留下些什麼？？？

　　斷、捨、離。在安寧病房時，經常會目送室友們離世，我大概是傢私最多的病人，手機、平板、筆電、精油、精油噴霧器、書、衣服、零食等，大概需要二大箱行李箱來裝，每換一間醫院，都會被醫護人員笑。不過，醫生們覺的是好事，因為在這種狀況下我都還要享受生活♡

　　我看其他病友離世前，櫃子裡有的最多就是牛奶（亞培之類的）和尿布以及探病帶來的水果。離世後，就一張床推出去，什麼都不會帶走。

　　如果問我，讀這麼多書有什麼用，印證人生呀！易經中說的有和無，在這一刻有深切的體會。

　　老公出門前，我說：「我要保持房間整潔，斷、捨、離，該丟的丟喔！」

　　老公：「你怎麼不把自己丟了。」

　　哈哈……他今天上班應該會上的很痛苦，會一直在想我又扔了什麼東西。真的很好笑，我丟自己買的東西，他既不能穿，也不能用，不知他在痛苦什麼？不過，我是故意說的。有強迫症的人真得好可憐！！！

　　《生命金句》離世後，就一張床推出去，什麼都不會帶走。

> **今日備註**
>
> 我喜歡吃土豆，涼拌土豆絲、咖哩飯、蒸馬鈴薯。然後，蕃茄炒蛋……，等一下
> 來和備餐的阿姨說♡

睡不醒

2019 6 / 29

　從早睡到晚，再從晚睡到早，還是好累……繼續睡……
醒不來耶！到底是怎麼回事？？？

打起精神來

2019 6 / 30

　好了，回家後不想面對很多事，每天倒頭就睡。要打起精神來做點事，再
睡下去會有罪惡感了，有點逃避現實之嫌，自我反省中。

關於【我的生活與工作——在得與失之間，是幸抑或是不幸】，
可掃描以下 QRCODE 看更多資訊：

《生命金句》讀這麼多書有什麼用，印證人生呀！

就算生命短暫，
也叫得如此用力

——

——

我喜歡聽蟬鳴的聲音！
就算生命短暫，他們卻也叫得如此用力
翻開新的一頁，隨著本書的逐漸完成，
我也要告別過去重新面對現在的自己。

告別過去、面對現實、活在當下

─────

告別過去

　　過去的我，活的很精彩，舞蹈、旅遊就是我的人生，但那畢竟已經過去。而我…也回不到過去…。也並非我就不能再出國旅遊了，只是我的身體狀況，癌症骨轉移的日漸嚴重，移動、出門一趟都是具有危險性的，都需要有人照護陪伴。

面對現實

　　我想，任何人都不知道自己還能活多久。人的生命就是如此，既堅強又脆弱，隨時可能因為一場意外就改變了人生軌跡。

　　而我，花開花落便是人生，可能在下一秒，就會隨著器官衰竭而死亡。但仔細想想，如果我是一隻蝴蝶，我的生命週期也不過就是一至四個月，人類已經是地球上屬於長壽的生物了。

　　是的，生命是不在於長短，但真正面臨短暫的生命，還是會手足無措，不知該如何面對。

　　《生命金句》既堅強又脆弱，隨時可能因為一場意外就改變了人生軌跡。

活在當下

當醫生和你說，在醫院是沒有奇蹟的，不要去想那些不可能會發生的事，要接受現實，才能好好地活在每一天。

但我……並不知道……怎麼做才算是好好活著，看看安寧病房的其他室友，大家都在睡覺。難道睡覺就是好好活著嗎？

這段日子以來，清醒的時間不多，醒來後，也無法專注，我沒有勉強自己一定要做些什麼？每天就是吃飽睡，睡飽吃……，真正做到混吃等死。我想要改變，我也不想自己在人生的最後階段，就這樣混吃等死地活著。

但我能做什麼？似乎我不知道？

今早的陽光很炫麗，拉開窗簾讓陽光喚醒我，寫文章、吃早餐，強迫自己要做點事，不要馬上倒頭又睡。我不知自己還能做些什麼？不如就從專注力開始吧！

然後，故事還在進行中，後續會怎樣呢？

在死神尚未準備好，也許可以讓我們繼續看下去。

我這與死亡為伍（舞）的人生。

臨終進行曲

沈宜璇與癌共舞的人生樂章

作　　者／沈宜璇
封面設計／黃昀嘉
美術編輯／黃昀嘉
文字編輯／魏賓千
執行編輯／李寶怡
企畫選書人／賈俊國

總 編 輯／賈俊國
副總編輯／蘇士尹
編　　輯／高懿萩
行銷企畫／張莉滎、廖可筠、蕭羽猜

發 行 人／何飛鵬
法律顧問／元禾法律事務所王子文律師
出　　版／布克文化出版事業部
　　　　　台北市民生東路二段141號8樓
　　　　　電話：02-2500-7008
　　　　　傳真：02-2502-7676
　　　　　Email：sbooker.service@cite.com.tw
發　　行／英屬蓋曼群島商家庭傳媒股份有限公司城邦分公司
　　　　　台北市中山區民生東路二段141號2樓
　　　　　書虫客服服務專線：02-25007718；25007719
　　　　　24小時傳真專線：02-25001990；25001991
　　　　　劃撥帳號：19863813；戶名：書虫股份有限公司
　　　　　讀者服務信箱：service@readingclub.com.tw
香港發行所／城邦（香港）出版集團有限公司
　　　　　香港灣仔駱克道193號東超商業中心1樓
　　　　　電話：+86-2508-6231 傳真：+86-2578-9337
　　　　　Email：hkcite@biznetvigator.com
馬新發行所／城邦（馬新）出版集團 Cité (M) Sdn.
　　　　　Bhd.41, Jalan Radin Anum, Bandar Baru Sri Petaing,
　　　　　57000 Kuala Lumpur, Malaysia
　　　　　電話：+603- 9057 -8822
　　　　　傳真：+603- 9057 -6622
　　　　　Email：cite@cite.com.my
印　　刷／卡樂彩色製版印刷有限公司
初　　版／2019 年12月
售　　價／新台幣300元
ＩＳＢＮ／978-986-5405-09-0